羊城讲古

颜志图◎著

南方日报出版社
NANFANG DAILY PRESS
中国·广州

图书在版编目（CIP）数据

羊城讲古/颜志图著. —广州：南方日报出版社，2012.7
ISBN 978-7-5491-0606-6

Ⅰ. ①羊… Ⅱ. ①颜… Ⅲ. ①社会生活－历史－广州市－通俗读物
Ⅳ. ①K296.51-49

中国版本图书馆CIP数据核字(2012)第134599号

YANGCHENG JIANGGU
羊城讲古　　颜志图 著

出版发行： 南方日报出版社
地　　址： 广州市广州大道中289号
电　　话： （020）83000502
经　　销： 全国新华书店
印　　刷： 广东信源彩色印务有限公司
开　　本： 787mm×1092mm　1/16
印　　张： 13
字　　数： 215千字
版　　次： 2012年7月第1版
印　　次： 2017年7月第2次印刷
定　　价： 28.00元

投稿热线：（020）83000503　**读者热线：**（020）83000502

网址： http://nf.nfdaily.cn/press/

Contents

羊城講古

目录

Contents

羊城講古

Contents

羊城講古

Contents

羊城講古

序言[1]

2007年，我代表英国文化委员会来到了广州，并在这里逗留了好一段时间。其间，我去到广州的一些学校进行文化交流。在这里，我遇见了不少有趣的事物，其中最令我印象深刻的要算是我从酒店的窗口眺望到的一幕。我的房间是在顶层，因此，我能看见很多比它低的楼宇。

无论何时，只要我看见街区和房子我就会忍不住想：到底谁住在那里，而他们又有什么故事呢？——那是关于成功与失败、希望与恐惧、悲伤与欢乐的故事。在一个清晨，一名妇女走上了天台晾衣服，她在绳子上晾了一些衣物。当她从桶内抽出一件恤衫，不知道那里是否有音乐，或者那音乐只在她的脑海里，我当时离她太远所以听不到。然而，她拉起了恤衫的袖子就开始在天台翩翩起舞，仿佛那就是一个舞台。她一定以为没有人会看见她，于是她一直在天台上旋转、摇摆，直到“音乐”停止了，她把恤衫晾在绳子上，再走进屋子里。

在对面远处的另一个阳台上，一位老伯伯拖着一张椅子来到一棵长在屋顶上的大香蕉树底下。他坐在树荫下，点燃了一根烟斗。而我在猜想他的脑海里在想些什么呢？也许是过往的回忆，也许是想让思绪逃离这座城市……这些人都一定有过一段动人的故事，要是我可以从他们身上知道就好了。

我发现广州人都很热情、友善、彬彬有礼、乐于助人……颜先生亦一样，但他表达友善的方式却是非常的与众不同，这也让我认定他是一个我必定要结交的朋友，尽管我们相处的时间不长。我还记得，当我和他一起吃饭的时候，他很和善地把他珍藏的一把扇子送给我。直到现在，当我在说书的时候就会用上它。

---

① 作序者为英国说书艺人，曾于2007年到广州与颜志图先生同台讲演，进行中英讲古文化交流。本文由彭嘉志翻译。

听他说书时的感受，简直能用“一饱眼福”来形容。即使我连他说的一个字都不懂，但只要看他的演绎——挥动扇子的姿势、生动的面部表情和丰富的肢体语言，我亦能明白故事的内容。这是因为像许多说书艺人一样，他是在用一种从心底发出的共同语言在与观众交流。

在我看来，他是一个和蔼的男人，经常展露自己的笑容，而且很乐于奉献。因为，他一直努力地在为后代去保存我们一门珍贵的艺术。

在英国，教育家们才开始领悟到说书教育的参与对孩子们交际能力的发展有着深远影响。自我表达、自信、创新、理解、共鸣等其他许多能力的具备都是从叙述和分享故事中得出的结果。

为了传承说书传统，颜先生花了很多心血和时间在他的弟子们身上，此举令人佩服。据我所知，在英国是没有说书艺人愿意这么做的。即使在英国有些这样的流动课程，艺人亦只会为学生讲那么一星期或者一个周末的课，这以后就让他们自己去捉摸门道了。

感叹中国拥有说书这项如此非凡的传统艺术！作为一个大国，一个有几千年历史的大国，在其文学国度里，有着成千上万的故事，这是其他国家所无法比拟的。但只要一想到，假若我们任由说书消失，人类将会从此失去这份弥足珍贵的文化财富，我就会心有不安。真的希望颜先生的事业能不断壮大，继续将艺术传授给他的徒弟，并且继续将奇妙的故事告诉那些驻足看他说书的贤才哲士。

鲍勃·威尔金斯

2011年5月于伦敦

前言

身在异地，当别人问起我来自何方的时候，我都会很自豪地答一句："我来自广州！"但身为广州人的我们，到底又是自何方而来呢？

无疑，历史上广州是一个移民城市，"绝对的广州人"现在是无迹可寻了，"相对的广州人"属于广府文化体系中的人群的一部分。要搞清我们的身世，首先就要搞清什么是广府人。广府人是由古越人和南迁的中原移民融合而成的，使用广府话。

广府民系的形成主要分三大源头。第一是古越人，主要是南越人，属于土著。第二是秦汉至南北朝时期的中原移民。第三则是来自珠玑巷的移民。

对于在当下，说超过七成的广府人是珠玑巷后裔的讲法，讲古佬并不认同。

普遍认为，在宋末，由于朝廷政治腐败、战乱不断等原因，大量中原人迁徙岭南，聚居珠玑巷，引发珠玑巷人大举南迁珠三角并开枝散叶，故很多广府人对珠玑巷有"吾家故乡"的叫法。

我们可以试着分析，究竟在珠玑巷人南迁之前，是否有广府人的存在？其实，早在这次南迁之前，珠江三角洲一带在南北朝至唐朝期间已经人口众多，而且说的也是广府方言。按史料记载，单单是其中的广州城的人口已经过百万。而且，人口的南迁也不止一次，除了南宋末年的这一次之外，秦时期的对岭南的开发、汉武帝时期的南征、魏晋南北朝时期的"永嘉之乱"、北宋时期的高宗南逃都是引发人口大规模从中原迁入岭南的重要事件。如果说广府人大部分来自珠玑巷，就忽略了珠三角原住民的存在了。也就是说，在宋末元初珠玑巷人南迁之前，珠三角地区已经有成形的广府民系的存在，而这一次的南迁只可看作是广府民系一次整合的过程。

但为何这么多的广府人都认同这种"珠玑巷说"呢？其实是因为汉武帝

灭南越国之后，中原文化的流入前所未有地加深了岭南地区的汉化程度，“越人”和“汉人”的区别渐渐消失，广府人对于自身汉族血统的认同感不断强化。所以，元初的这一次珠玑人南迁，也就激起了广府人的汉民族自尊，有意无意地把珠玑巷这个原本中原南迁移民的中转站认定为自己的发源之地。

综上而言，广府民系的形成，应该是在汉灭南越之后，而不是在南宋之后。汉文化与越文化的融合，则构成广府文化的基本框架。

时至今日，越来越多的新广府人不断加入到广府人这个大家庭，不论新人也好旧人也好，每一位广府人都需要认真想想，怎样将广府文化这份老祖宗留给我们的宝贵财产发扬光大。

第一辑　粤讲粤俗

广府文化丰富多彩，保留了很多古老的风俗。在节俗上，既有对中原传统文化的传承，又有地方特色。在春节、端午节、乞巧节、中秋节、重阳节等传统节日里，广府人都有独特而有趣的节日民俗，由讲古佬为你一一道来吧。

年三十，节目多

旧时广州，每到年三十那天早上，农民卖的蔗，总是带着长长的蔗荚，生菜总是带根的，表示“有头有尾”。一时之间，满街满巷都见到有人扛着一两根长长的带叶蔗走路，堪称一景。

晚上少不了的是一餐“团年饭”，劏鸡杀鸭，拜祭天地祖先，一家人团聚吃饭，一般不请外人，菜式随人所好，但不会有“炒鱿鱼”这味菜，事关“炒鱿鱼”在广州话中也指被老板辞退。有些好意头的菜式就会经常出现在饭台之上，例如炒芹菜，就寄予了父母盼子女食后“勤勤力力”的希望，又例如慈姑焖猪肉，就表达了欲添男丁的希望。

食过团年饭之后，晚辈要向长辈行礼，长辈照例给一封“利市”，称为“压岁钱”。家长又会要自己的细路（小孩）着上新鞋，拿上香火，口袋装着红鸡蛋，沿街卖懒，他们会边行边唱：“卖懒、卖懒，卖到年卅晚，人懒我唔懒。”“卖懒仔、卖懒儿，卖懒卖到广西界黄大姑。”据说，经历“卖懒”，细路（小孩）在下一年就不会懒惰，不过这种习俗在民国后期已很少见了。

人们在煮团年饭时，亦会顺便煎一两条土鲮鱼，放在米缸里，要过了年才吃，称为“责年”（“责”在粤语中是“压”的意思），意思是说“年年有余”。

过去有守岁习俗，通宵达旦不睡，据说是祈求来年纳福祥和，后来渐渐被“行花街”所代替，多数是吃完团年饭后游花市，游完回家，一到夜晚十二时就烧炮仗（鞭炮）以迎新岁，烧完之后就睡，很少通宵达旦守岁了。

“行花街”时，人们选购的多是橘果类植物（朱砂橘、四季橘、金橘、金蛋子等），寓意大吉大利，生意人多购买吊钟花或桃花，寓意财源滚滚、大展宏图。过去的商店，总要摆一棵巨大的吊钟花或桃花才够“威水”（威风）的。未婚男子也喜欢买桃花，扛着它在花市转几圈，说是行“桃花运”。此外，多是买菊花、剑兰、水仙、山茶、鸡冠、彩雀、富贵竹，等等。很多人不喜欢买菊花，认为意头不好，说是“一年到头白谷”（也就是“一年白忙乎了”的意思。粤语俗语中，“谷”有憋的意思）。

花市不但卖花，而且还卖工艺品、儿童玩具等。其中最受欢迎的就是风车，广州人“行花街”通常都会买一个风车回家，寓意在新一年“转转运”。

花街一般在春节前三天就摆卖了，除夕是它的最高潮。往日，一到除夕晚上12点，家家户户都烧起炮仗，十多分钟后还响声不绝、震耳欲聋，全城硝烟弥漫，遍地都是红纸碎，人们迎来了新的一年。

年初一，有乜搞作

正是“爆竹一声除旧岁”，往时到了年初一这一日，广州的大人和细路都会换上新衣服，晚辈向长辈拜年，长辈要给晚辈利市，接着是拜祭祖先和拜祭天上神仙。

这时，街上有些人，手里拿着一张小红纸片，写着“财神”二字，敲各家的门，说“财神到”，人们绝不会拒绝这个好意头，开门接过“财神”之后，便拿一封利市给送财神的人。

从前，大年初一的忌讳是很多的：不能打烂东西，若果真的不小心打烂了东西，要马上说一句“落地开花，富贵荣华”或者“岁岁（碎碎）平安”；不能扫地，恐将财气扫走，若果真的要扫，也要往门里面扫，不能往屋外扫；见面要讲吉利话；不能杀生，要食斋，故很多人是续吃昨晚团年饭剩下的餸菜，或再煮一道斋菜就算……另外，老广州认为，如果年初一被人骂，是很不好的。故此，以前的老人家常会这样说：“年初一都来闹你，你好唔好意思啊！”

大清早，羊城各武馆都出动狮队，醒狮迎新。狮队随着雄壮的锣鼓声，挨家挨户去采青，为羊城春节增添不少节日气氛。狮队由“头牌”开路，所谓“头牌”者，是一种刺绣工艺品，用五彩玻璃珠、闪光胶片、丝绸等绣成，像一面竖立着的大旗，两边有飘带，上面绣着虎头，下面绣着蝠鼠，中间绣着武馆名或武馆教头的名字，如“蔡李佛鸿胜馆”、“少林武术×××”等。“头牌”后面跟着彩旗队，彩旗多是三角旗镶狼牙边，写着“我武唯扬”、“尚武精神”等字样。接着是狮子，最后面是锣鼓。

讲到醒狮的起源，坊间还有个有趣的传说。汉朝时期，有一西域国使者到访，带来狮子一只。使者对汉武帝称，十日之内，若有人能降之，其国家将继续臣服于汉，若无人能降之，便要大汉向其国年年进贡、岁岁来朝。武帝念大汉人才济济，降猛兽不过是“生菜豆腐”，便爽快答应，命手下武士降之。谁知，九日之内，多名武士丧于狮子口爪之下。念及仅余一日光阴，为保大汉颜面并为亡人复仇，一武士心生一计，于该夜，约同几名武士，潜入使者行馆，投肉与狮子。肉中有迷药，狮子食而昏睡。开笼门，众人剖狮子腹，挖其内脏，留一武士藏狮身内，其余各人缝狮腹而退。翌日，使者仍蒙在鼓里，放出狮子与武士相搏。武士胜之，使者履前言，继续臣服大汉，颓然而返。待使者离开，武士方向武帝说明以人躲狮内诈败之计。武帝盛赞各人妙计，遂在宫中弄醒狮之舞以庆贺胜利。后醒狮流于民间，传及南方。

如今，醒狮已被赋予吉祥、进步、生机的寓意，并衍生出众多流派，产生南北派之分，南狮又有佛桩、鹤桩之分。不过无论是哪一流派，舞狮背后的那份喜庆和祝福都是一样美好的。

年初二，大开年

年初二，老广州称之为“开年”。

在往时，每逢年初二，街上常常能听到叫卖“发财大蚬”的声音。在粤语中，“蚬”和“显”同音，老广州都乐意在这天“帮衬”买点蚬，取其“发财大显”的生财之意。

俗语话：“初一人拜神，初二人拜人。”由这天起，大家就开始到亲友处拜年，也有亲友拎着贺年礼品到自己家拜贺。主人通常用“全盒”（一种分格的圆形漆盒）盛着茶点招呼客人，瓜子是少不了的，老广州剥瓜子是要取其“得心应手”之意。

年初二，是“头牙”。中国传统当中，称每月的初二、十六为“牙”，每逢“牙”日，都会开斋食肉。年初二，则是一年之中第一个“牙”日，所以叫做“头牙”。对于识饮识食的广州人来讲，肯定不会放过在“头牙”之日“大刷一餐”的机会了。所以，老广州在这天都会起得好早以“抢头牙”，并且准备丰盛的开年饭。

在开年饭局之中，老广州必备一只生鸡，也就是公鸡。广州人觉得生鸡比较热毒，食后易上火，平时甚少食之，通常食的是“鸡项”（鸡乸）或者“镦（读‘线’）鸡”（阉割的公鸡）。但为求取生鸡“吉祥生气”之意，在年初二的开年饭，老广州都会选择食生鸡的。嫁出去的女儿，在这天会带着丈夫、仔女（儿女）回外家拜年。回外家，只会食午饭，称为“食日昼”。然后，他们就会回到婆家食开年晚饭。

旧时的工厂、商场老板也会在这天设开年饭局招待下属。当然，酒局当中也少不了鸡。不过，这只鸡就有另一重含义了。原来，老板若要辞退某人，就会亲自夹一块鸡肉到那位仁兄的碗中，再封一封利市，说句“另谋高就”，那位仁兄便被解雇，要收拾行李离开，俗称被“炒鱿鱼”。这种被解雇的手法，叫做“食无情鸡”。故此，往时的打工仔食老板的这餐开年饭，都会食得如坐针毡、心惊胆战的。至于继续留用的人，老板就会派一张红纸柬，上面写着“恭贺新禧”的字样，落款是该店的店名，以示拜年。

以前在年初二，信仰佛教的广州人还有放生鲤鱼的习俗。这天一早，小贩就会挑着装着“生猛”鲤鱼的担子，穿街过巷，大声叫卖：“好生鲤，大生鲤，金银鲤……”善信便会应声而来，买一条鲤鱼，拿到珠江边，喃喃祷告一番后，就将鲤鱼放到河中，称为“放生”，以示自己的善心。

年初三，送穷神

“初一人拜神，初二人拜人，初三穷鬼日，初四人乞米，初五初六正是年，初七寻春去，初八八不归，初九九头空，初十打春去，十一打仔回，十二搭灯棚，十三人开灯，十四灯火明，十五祈完灯，采青走百病。”这是一首流传于广州民间的农历新年习俗歌。当中提到一个特别的日子，就是“穷鬼日”。

旧日广州人认为年初三是“赤口”，是不能去拜年的。他们会打扫房屋和灶头，将垃圾、火灰送出家门。更有甚者会把废旧的家具以及大件头的器物烧掉，再把灰烬倒入珠江。这些，被旧日广州人视为“送走穷鬼”。

其实“穷鬼日”并非广州特有。在广东的许多地区，如客家、潮汕都有。在北方，也有分布。这些地方的“穷鬼日”都集中在春节前后。不过，具体的日子有所不同，风俗也有不少差异。

广州人的“穷鬼日”又是有很深的历史渊源的，源于古代的中原。在南北朝时期“穷鬼日”就已经出现。关于“穷鬼日”最早的记载可以追溯到唐朝。唐代文学家李邕《金谷园记》中一段“高阳氏（又称颛顼或帝颛顼，是继黄帝以后又一个杰出首领）子瘦约，好衣敝食糜。人作新衣与之，即裂破，以火烧穿着之，宫中号曰穷子。正月晦日巷死。今人作糜，弃破衣，是日祀于巷，曰送穷鬼。”交代了“穷鬼日”的来由。时人韩鄂所撰的《岁华纪丽》一书中又写道：“孟春晦日（即农历每月最后一日），甫聚行乐，送穷。”可见，“穷鬼日”初时还没有固定的日期。后来，“穷鬼日”最终被确定在正月廿九，时有《图经》载：“池阳风俗，以正月二十九日为穷九日，扫除屋室尘秽，投之水中，谓之送穷。”那时候，过“穷鬼日”已经成为相当普遍的习俗，时人姚合有五绝《晦日送穷三首》为证：“年年到此日，沥酒拜街中。万户千门看，无人不送穷。”“送穷穷不去，相泥欲何为。今日官家宅，淹留又几时。”“古人皆恨别，此别恨销魂。只是空相送，年年不出门。”时韩愈《送穷文》中，甚至提到“结柳作车，引帆上樯”的具体“送穷”方式。

到了宋代，该日子仍然很流行，在《全宋词》一书中有词人巴淡的一首《临江仙》，又名《送穷鬼词》：“正月月尽夕。芭蕉船一只。灯盏两只明辉辉，内里更有筵席。奉劝郎君小娘子。饱吃莫形迹。每年只有今日日。愿我做来称意。奉劝郎君小娘子。空去送穷鬼。空去送穷鬼。”是时，“送穷”的时间又出现了变化，有人把这日定在正月初六（今天北京仍保留正月初六“送穷鬼”的风俗）。宋代吕希哲《岁时杂记》谓宋“人日前一日，扫聚粪帚，人未行时，以煎饼七枚覆其上，弃之通衢，以送穷”。当中“人日前一日”一句足以证之。

到了明清，也有关于这日子的记载。明人陈耀文《天中记·晦日·送穷鬼》：“高阳氏子瘦约，好衣敝食糜，正月晦日巷死。世作糜，弃破衣，是日祀于巷，曰送穷鬼。”清学者林祖焘《闽中岁时杂咏》诗：“相传拗九届芳辰，各煮饴糜杂枣榛。扫尽尘封投尽秽，送他穷鬼迓钱神。”但此时流传于各地的“送穷”风俗已出现了很大差别，集中表现在“送穷”的时间和方式上。

时至今天，“穷鬼日”已经渐渐淡出广州人的生活了，相信不会再有人在那天把焚烧过的东西倒入珠江，但年初三打扫卫生的习俗还是被保留下来。

年初四，接财神

歌仔都有唱：“财神到，财神到，好走快两步，得到佢睇起你，你有前途。”农历大年初四，广州人有在这天接财神的习俗。

民间相传，年初四是诸神由天界重临人间之时，而年初五正好就是财神诞辰。所以，老广州就会在初四这天迎接财神。

从前，一到了初四晚子时，老广州会备好祭牲、糕果、香烛等物，鸣锣击鼓焚香礼拜，恭恭敬敬迎财神。据说，在初四子时而不在初五接财神，为的是要“够利市”，广州人称为“抢路头”。但凡接财神，羊头与鲤鱼是少不了的，羊头有“吉祥”之意，鲤鱼则是“年年有余”的意思。祭祀一番之后，便打开门窗，烧香、放炮仗、点烟花，向财神表示欢迎。接过财神，大家还要食路头酒，往往食到天光。大家满怀发财的希望，愿财神爷能把金银财宝带来家里，在新的一年里大发大富。在民国的时候，各商店会在年初四午夜至初五凌晨敞开店门，灯火辉煌，设供坛接财神，并蜂拥去财神庙进行“换元宝”的仪式。

讲到广州人的财神，有文财神和武财神之分，又有正财神和偏财神之分，加起来，大大话话就有20个。不过比较多见的，是范蠡、比干、赵公明和关二哥。

在广州民间，范蠡、比干是最具代表的文财神。

传说，当年范蠡辅佐越王复国之后，改行到齐国做珠宝生意，自称陶朱公，聚财亦散财，被奉为财神，陶朱公也就成为财神的代称。

至于比干，看过《封神榜》的老友记对他就再熟悉不过了，他直言上谏，被九尾狐狸精附身的妲己所害，挖出心脏。后人以其耿直忠心，奉之为财神。

又因为比干无心，不至于有偏私，所以他同时属于偏财神。

而赵公明、关二哥就是最具代表的武财神了。

传说，赵公明曾奉玉帝之命下凡间取人命并暴杀万民，被龙虎山的张天师降服。他守护张天师的丹炉有功，被封为正一玄坛元帅，具备主宰买卖的神力，由此被奉为财神。还有传说声称赵公明是猛将赵子龙的兄弟。另外，相传赵公明没有眼睛，人们认为他不会以势利眼看人，又尊其为正财神。

而关二哥也就是关羽，他留给人们的是讲信用重义气的形象，与广府商人诚信经商的优良传统相一致，老广生意人视之为守护神。

不过，不论如何接财神、财神有几个，讲到底，广州人奉财神，无非都是想生活幸福，今年比旧年更“给力”，来个家肥屋润、荷包肿胀。

迎迎送送过初五

过新年，再多的繁文缛节，归结起来，就是四个字“送往迎来”。一年到头，人们总是希望借着新年的到来，将不好的送走，迎来些新景象。而年初五，可谓迎迎送送最为密集的一天。上一篇文章介绍了初四晚、初五朝接财神的习俗，但原来一切并未因此完结。那头接了财神，又要庆贺“破五”之时，又要恭送祖先归位，还有“送穷五”的习俗。按传统，年初五，想不忙到“踢晒脚”似乎是不太可能。

“破五”是指过年禁忌多多，到了年初五，诸多的禁忌皆可破，不用下下“儆住儆住”（儆，读“哥青切”。儆住儆住，形容有所顾忌，施展不开）。北方人会食饺子来庆祝。天津人则认为，剁菜做饺子馅的时候，要剁得够响，以示剁“小人”。不知道这与老广惊蛰“打小人”的习俗有无联系？送祖先说的是人们在除夕夜把祖先请回来过年，到了年初五，就要送祖先“回去”。所以，这一天要烧香，烧纸钱，恭送祖先。而送穷五则有别于年初三的“送穷神”。“穷五”又称作“五鬼”，指传说中“智穷、学穷、文穷、命穷、交穷”五种穷鬼。唐宋八大家之首的韩愈在他的《送穷文》中就提到“五鬼”的厉害，他说“凡此五鬼，为吾五患”，看来真是“唔送唔得”。以致民间对“五鬼”是好不客气，动用扫把打扫地面扫走它，烧炮仗炸走它。令讲古佬不由得想到广州一句话“用镬头扫把捧佢扯”。哈哈，大概就是这个意思吧。

不过，“神马”“破五”、“穷五”，似乎在广州民间都是“浮云”，书籍上很少这方面的记载，反而在粤地以外的其他地区很流行。老广更感冒的是初三的送穷神、初四初五交替间接财神。可能在有些人看来，老广太过现实。但在讲古佬看来，老广的年，过得甚有人情味。与其说我们只看重金钱，不如说，老广州对新年的希冀来得更简单直白。其实，祈求生活富裕，乃人之常情，又有何不妥？始终生活才是每个人必须考虑的最本质的问题。当然，广州人也明白，只是望天打卦，求神拜佛保发达是不可能的，运气只是助力，勤劳的双手才是致富的源泉。

今年太岁是哪位

一到新年，最多人谈论的莫过于流年运情、生肖属相之类的话题了。或许我们可以试着从两个方面理解：一方面，每个人或多或少都会对将来有一些担忧，于是人类便组织了卜算将来、推测命运等等的理论，聊以安慰自己；另一方面，按唯物辩证法的联系观点看，世间事物之间的联系是普遍存在的，人的性格、体质等，多少会受出生的时辰、地点所影响，这似乎又为堪舆、命理提供了证据。无论如何，想探知将来，亦都是人之常情。

讲到流年、属相，也就要谈谈太岁之类的问题。经常会听到人说什么犯太岁、冲太岁、合太岁，等等，那究竟太岁为何方神圣呢？原来，在中国古代历法中，木星被看作是岁星。岁星由西向东沿着黄道运行，每十二年为一个周天，由此将黄道等分成十二份。古代中国人又认为，除木星外，天上是有其他肉眼看不到的岁星的，称之为太岁。太岁与岁星相反方向运行，配以十干，以太岁所在的位置纪年。将岁星和太岁星的纪年结合起来，就有了甲辰年、丙子年等的干支纪年法。干支纪年法，每六十年为一个循环，而民间传说，每一个不同的年份都有不同的太岁神灵当值，所以，太岁神就有六十位，各以年份来命名。

太岁神的原型都是人，他们在世期间对社会都有一定的贡献，是古代道德体系中的优秀典范，死后被后人奉为神灵。例如管仲，他也在太岁神之列。如2011年是辛卯年，按照太岁的名录翻查，我们可以得知，传说中主宰2011年的太岁神是辛卯太岁范宁大将军。他原是东晋时的人，生前做过余杭县令、临淮太守、豫章太守，为官期间重视办学，为古代的教育事业作出了贡献，因而死后被列入太岁名录。

至于命相学家所讲的“犯太岁”，指的是一个人出生之年的干支和所在年份的当值太岁的干支相刑（寅刑巳、巳刑申等）、相冲（子午相冲、丑未相冲等）、相破（辰丑相破、未戌相破等）、相害（丑午相害、寅巳相害等）等。而相信命理的人认为，如果自己犯太岁，那么这一年之中就要倍加小心。

长篇大论谈太岁，再回头细看，大家会发现，中国人真是“范范（处处）”有神、年年有神、日日有神。厕所都有厕神主宰，每年有不同的太岁，每日有不同的神煞，各行各业、各方各面，都要供个“大佬”出来“话下事”，这个构建了几千年的神灵架构是相当庞大、臃肿的。再看回我们身处的社会，连过马路也要协管员“督住”，协管员不在，脚步就不自觉地要冲红灯。与其说管得多，不如说自觉自律意识太薄弱。神灵系统的繁冗，大概就是体现了国人长期以来“冇王管就唔得”的弊病吧。

人人生日在人日

大年初七俗称“人日”。相传女娲造万物，第一日造鸡，第二日造狗，第三日造猪，第四日造羊，第五日造牛，第六日造马，第七日造人，第八、九、十日先后造了谷、粟和麦，故正月初七为众人的生日。在古书《荆楚岁时记》当中，也有类似的记载。

讲古佬其实一直很疑惑，为何人要第七日造呢？若果按达尔文的进化论，物种应该是由低等向高等进化，似乎女娲娘娘造万物没有什么规律可循。于是乎，在民间就衍生出一种自圆其说的说法。在很久之前有一条村的村民，喜气洋洋地张罗过新年的事宜，忽然来了一位道士，告知众人：在初七那天贵村会有一场大难，避之则吉。众人不信，指责他“新年流流”说不吉利的话，道士无奈地离去。谁知，到了初七当日，突然发生地震，村民仓皇逃窜。侥幸逃出生天的人躲于高地处，相互鼓励、安慰，有人感慨地说：“我们是再世为人了，今天便是我们的生日！”各人振作精神，重回灾区，齐心合力共建家园。为了纪念重生，村民视初七为彼此的生日，以后每逢这日，不论贫富，都备酒肴，拜祭祖先，相互问候祝福，共饮生日酒。这风俗被各地仿效，年初七渐成为广大民众的一个大节日。姑且勿论其真假，这个“古仔”表达的始终是人与人之间相互关怀的美好主题。

说回女娲造人，其实只是个传说，说到底也都是古人对万物的认识的神话化。不过仔细想一想，为何古人偏偏要将女娲造人的传说安排在第七日呢？古人的做法，讲古佬觉得或者有他的意图。若从进化论中推敲不出，那就尝试从中国古代对自然规律的认识入手。

中国的古人很聪明，很早就发现了自然界当中存在“七天规律”。试想下，一个月二十八日左右，是七的倍数；一周，是七日；女性的经期是七日左右；潮汐的规律也是以七为循环……七日似乎在主宰着万事万物。而按科学考证，这个“七天规律”其实就是月亮的运行规律。月亮影响地球自然现象的“七天规律”对于古代农业的影响尤为显著，因而按照月亮的运行规律，古代中国人就制定了月亮历，即我们现在所讲的农历。

而在其中，人的角色就非常独特。人既受大自然的“七天规律”影响，又通过人为的手段去改变大自然，但不论怎样去改变，都必须遵循规律。这样一来，我们应该能品出“人日”的意义了。古人将每年的正月初七与人辰联系起来，大概是要后人时刻谨记人即使能力再强，也不能忘记万事万物运行的规律，一句话概括，就是“世界潮流浩浩荡荡，顺之则昌，逆之则亡”。

五谷如今谁人识

传说从前女娲娘娘在年初八创造了谷，所以每年的正月初八就被叫做谷日。谷日是谷的生日，民间认为，如果这天天气晴朗，则这一年稻谷丰收，若天阴则歉收。

讲到谷，讲古佬想起了一个成语“五谷不分”，形容人缺乏生产知识。话说，有一天孔子一行人出行在外，穿过丛林的时候，他很中意的学生子路掉了队。子路正着急时，看到一位老农正在田头作业，于是他走上前问：“你有没有看见我老师？”老农看了子路一眼，没好气地回答：“四体不勤，五谷不分，孰为夫子！”老农的意思是说：既不劳动，又不知道生产知识，哪里配称什么老师！故事的发展是子路为自己说话冒失向农夫“晒霖”（道歉），农夫请其回家盛情招待。最后，子路重归大队，将事情对孔子一讲，孔子非但没生气，反而认为那定是位隐士高人，亲自去拜会。

这个“古仔”听落有点奇怪，别人问句路而已，用得着质疑别人一番吗？其实细细品味，大家就会明白。“古仔”说的是要求人们重视农业的道理，表达的是古代知识分子对农业从业人士的尊重。

现代人可能觉得五谷不分没什么，但在古代中国这种农业社会里，说人“五谷不分”就等同于现在说人“无文化”一般刺痛人心。

那到底“五谷”又是哪五谷呢？说法主要有两种：一种指稻、黍、稷、麦、菽；另一种指麻、黍、稷、麦、菽。总之就是指谷物一类的东西。民以食为天，谷物作为最主要的粮食，它的丰歉，关系着整个国民经济的兴衰。所以即使连圣人孔子和他的得意弟子在这个问题上都要郑重其事。

时至今日，若然问及年轻一代，什么是五谷，恐怕很少人答得出，更不用说怎么去区分了。这也难怪，如今社会分工如此之细，百业兴旺，一般人不懂五谷也不是什么问题了。但很奇怪的是，当代知识分子中，不乏有人对农业充满鄙视。打个比方，有些报考大学的学子，对于“农”字当头的大学非常抗拒，即使那所学校实力再过硬，他们宁愿报低一档志愿也不愿意进农校，以致有些农业院校或专业不得不降分录取。

当然，造成该现象，为社会上“鄙农”风气所迫是一个原因，但不能否认，部分知识分子骨子里是看不起农民的。讲古佬大惑不解，古代圣贤尚且尊重农民，在如今开明进步的社会，“三农”问题都已经成为社会的一个重大议题，但有知识有文化的中国新一代里竟然还存在着歧视农民之人，这实在不应该。农业生产固然是艰辛的，中国农民文化水平普遍不太高也是事实，但农民辛勤劳作生产出来的粮食确实是我们的重要食物来源。正如我们的母亲抚养我们一样，子不嫌母丑，我们又怎能嫌弃这些为了我们终日默默耕耘的可爱的农民呢？乌鸦反哺、羊羔跪乳，对农民、对农业心存不敬的人，应该好好琢磨一下“感恩”二字。

玉帝的生日愿望

旧时的粤语残片，每到惨情的时候，总会见到这样一幕，片中的那个阿妈或者阿爸，高声疾呼：“老天爷啊，点解要咁对我哋啊（为什么要这样对我们啊）！天啊！”成日（整天）听人提起“老天爷”，那究竟他是谁呢？其实他就是玉皇大帝。农历正月初九，正是他老人家生日的大喜日子。

老天爷只是民间对玉皇大帝其中一个称谓，所谓的玉帝、玉皇、天公、天帝其实指的都是他。他是道教传说中至高无上的天神，统管天地人三界。但凡这些“大粒佬”的出身，都比较有传奇色彩。话说，他老人家还未升做神仙之前，是光严妙乐国的国王的宝贝仔。国王净德和王后宝月光，年过五十却无儿无女。后来王后梦见太上老君手捧一发光神婴，与群仙一道降下凡间，老君答应将神婴赠之。王后醒来，当即怀孕，并于第二年的正月初九午时诞下太子。太子出世的时候，少不了又如其他古书所记载的天子奇人降世的情形那般，什么宝光四射，等等。据说，这位太子做了国王之后，工作尽职尽责，百姓都很“撑”他。后来不知哪一天，太子看破红尘，求仙修道，历尽劫难，入主金阙云宫灵霄宝殿，“担大旗”，成为万神之主。

考究历史，玉皇大帝原本只是民间信仰中的神仙，他在道教众神当中地位一直不算高，直到宋真宗时期被朝廷敕封及由于国家政权的不断推崇，他随即“升呢”爬过了道教“三清”的头，成为地位最高的那个。

其实，玉皇大帝整个“升呢”过程，不失为中国古代历史发展的反映。中国的传统社会，其实无非就是一个君主专制不断加强的过程。随着统治层强化皇权的欲望不断加强，道教“三清”管制众神的原始三权体系与统治者的思想可谓越走越远了。为了得到众人对于“一个人话晒事”的模式的肯定，就从信仰下手，找一个神来坐独一无二的“一哥”之位，玉皇大帝也就有了“发围”的机会。换个角度来看，宋朝之后的皇帝也要多谢玉皇大帝，若没有他老人家出面，那么“皇帝独大，理所当然”的思维定式又怎会影响中国人这么久远呢！说到这里，讲古佬忽然有两个可笑的疑问，玉皇大帝做了这么多年孤家寡人，会不会有点厌厌地（厌烦）呢？他老人家的生日愿望会不会是希望早日退休呢？

正月十五求偶遇

正月十五是元宵节，也是道教的“上元诞”，是天官的生辰，更是中国的情人节。旧时，每逢这一天，好多老广州就会一大早去三元宫参神祈福，还会买一支鸡蛋般粗的巨香或者五彩风车回家转运。到了晚上，就会一家大细（一家老小）去看花灯，还会煮汤丸来食。而在广州近郊的农村，则有“上灯”的习俗，凡是生了男孩的家庭，必定会在元宵节前（多为正月十二）挂灯。通常都挂在祖先牌位前，或天井，或祠堂。因为“灯”和“丁”是谐音，“上灯”是庆贺添丁的意思。到了正月十五，“上灯”的农户备好酒肴，拜祭祖先，请亲家到家一同畅饮。

正月十五的重头戏当然是元宵灯会了，但为何偏偏要挑在这天摆花灯呢？有种说法是和玉皇大帝有关。相传，玉皇大帝养了一只神鸭，有一天，神鸭来到凡间嬉戏，被一个猎人用弓箭射杀，拿回家煲了汤。玉帝闻说此事，相当生气，就决定在正月十五派天兵天将下凡放火，杀绝凡人。玉帝的女儿心地善良，降下凡间，将消息悄悄“通水”给凡人。人们为了躲避这场灾难，欺骗玉帝，于是就在正月十五这日夜里，家家户户挂起红灯、燃放火花火炮等，扮成人间已经起火的状况，瞒过了玉帝，也避过了一劫。自此放灯就成为正月十五的习俗。

另外有种说法是和唐高宗有关。当年高宗患有眼疾，看东西模模糊糊。他老婆武则天就提议，正月十五在长安城大放花灯，定能使龙目重光。高宗接受了这个提议，马上颁布圣旨。到了那天，高宗登临五凤龙楼，俯瞰全城，但见长安的百姓，人人大放花灯，各色花灯争艳斗丽，灯月交辉，一片喜乐升平的景象。说也奇怪，看了一晚的灯，高宗的眼疾突然痊愈了。自此之后，高宗为表与民同乐，每年都颁诏长安，在正月十五摆灯会，元宵灯会渐渐被延续了下来。

不过可能后生仔女更关心的是正月十五情人节。没错，这天是中国的情人节。但为何元宵被认为是情人节呢？原来，以前的未婚女子是不能随便出外走动的，但是过节则例外，可以结伴出行。所以每逢元宵节，未婚男女就会借着看灯之机，与异性交谊，物色对象。两情相悦的男女，也会趁灯会之机约会。

正月十五亦是春节的最后一日，拜年到这一天就截止了。如果你还未“逗”够利市，快趁这一天冲一冲业绩啦！

别再说广州没庙会

2011年元宵，广州搞庙会了！很多老友记可能会说：“广州人终于可以扬眉吐气啦，我哋一样有庙会！”确实，2011年的广府庙会的规模在广州历史上可谓是破天荒的。但各位千万别误解，以为广州人从来没有搞庙会的习俗。准确来说，广州有搞庙会的习俗，只是没有在元宵节搞庙会的案例。

要搞清这个问题，首先就要了解什么是庙会。1980年版的《辞海》是这样定义庙会的：“庙会亦称‘庙市’。中国的市集形式之一。唐代已经存在。在寺庙节日或规定日期举行。一般在寺庙内或其附近，故称‘庙会’。”庙会最初只是一种隆重的祭祀活动，渐渐融入了集市交易活动，形成了现在中国各地常见的带有宗教色彩的祈福主题集市。简单而言，可以用一个公式表达：庙会＝祭祀会＋墟。只不过，广州人甚少将这类活动称作庙会，而是直接叫“××诞”。而广州人也极少说“逛庙会”一类的言辞，而是笼统称为“拜神”，足见“拜神”一词在广府文化里面含义是相当广泛的。所以，诸如“波罗诞”、“北帝诞”、“土地诞”，等等，其实就是我们广州人的庙会了。每逢这些神诞，除了有常规的个人祭祀活动外，也会有神像巡游的环节，还有酬神戏、舞龙、舞狮等表演，商贩也会到寺观前面兜售香烛、平安符等吉祥物品，而民间艺人也会纷纷自发到来“揾两餐”。

不过，大家可别将在城隍庙举行的这场广府庙会认为是城隍诞。广州城隍诞是在农历七月廿四。清代梁绍壬就说过：“今七月廿四为都城隍诞辰，传是日为我国筑城之始。”这就是古代广州人定这天为城隍诞的缘故。既然广州城隍不是在这天生日，而且广州一直都有搞庙会的习俗，再在元宵搞大型庙会有没有意义呢？讲古佬认为很应当搞，还要继续搞。就传统观念而言，城隍在民间信仰中的地位一直是很神圣的，它除了被认为是城池的保护神，还被认为是管理阴间和监察民间善恶的一方神灵，以城隍庙为主会场搞元宵庙会，体现的是对民间习俗的保育和对民间信仰的尊重。各位看这次的庙会就知道了，市民热情高涨，社会舆论讲个不停，足见活动的效果之大，大大话话讲句，广府庙会是在唤醒广州人对于传统文化的重视。

当然，讲古佬最害怕的是，广府庙会将来变成“人有我有”地复制外地庙会的“主题公园化”模式，我衷心希望将来广府庙会能更凸显广府的特色。讲到底，越是广府的，才越是世界的嘛！

坑口生菜会

农历正月廿六，按照习俗，每年的这一天，都是广州举办坑口生菜会的日子。生菜会，起源于明末清初，流行于广州、南海、顺德一带，最初是民间表达“迎生气”的一个节日。各地的具体日期不一，如南海大沥的生菜会定在正月十四，南海官窑则是正月十五。由于坑口生菜会适逢是传说中观音开库的日子，所以它的寓意就比较特别。

在长期的发展衍变之中，坑口生菜会由原来的主旨——“迎生气”渐渐发展成为两大主题，就是“求财”和“求子”。至于生菜，就是这天的主角了。一大早，小贩就会担着一扎扎带着根、绑着红头绳的生菜出来兜售，人人都乐意“帮衬”。坑口人又有吃“生菜包”的习俗，取其生财、生机勃勃、生生猛猛的意思。千万不要误会，生菜包不是指生菜做馅的包子，而是将蚬肉、咸酸菜、韭菜炒熟，用生菜叶包裹而成的东西。生菜叶是不经煮熟的，有点像韩国料理当中用生的生菜叶来包烤猪肉的吃法。

除了吃生菜包之外，很多妇女还到附近观音庙里参拜。传说，这天观音开库，可以向观音“借库”，祈求“搵多啲”。以前，在观音庙外会设水池，里面放着蚬螺，任人去摸。据说，如果摸到蚬来年就会生女，摸到螺就生仔。好笑的是，很多“恨生仔”的妇女就算摸到蚬也会暗中扔掉，直到摸到螺才停手，以此增强生到仔的信心。说到“摸蚬”，相传还和唐太宗有关。传说，唐太宗好吃蚬，有一次有人送给他一只巨蚬，但是非常坚实，难以打开。他命人用铁凿撬开，发现里面竟然有个观音像。有大臣就说，这是送子观音显灵，又说蚬属女性，同类的螺就属男性了。于是乎，唐太宗就广建观音庙，让妇女摸蚬螺来占卜自己生女或生仔。

有人可能会问，那是不是生仔才算好？在传统社会，男子作为劳动力，支撑家庭的经济，重男轻女不足为奇。但如今，社会不同了，男人得（可以），女人一样得（可以），生男生女，只要孝顺自己就是好！再者，现在男多女少，生女矜贵啊，哈哈。点讲都好，现在摸蚬摸螺的习俗，都已难觅咯。

坑口生菜会还有一部重头戏，就是醒狮采青。采青采的就是生菜，都是生财之类的寓意。但在最初，采青却有别的意思。原来，从前广东的武馆，不少是由反清复明的人士组建的，把采青叫“采青”，其实是“踩清”的谐音。但现在这些恩恩怨怨，可谓“俱往矣”咯，生菜会的采青，也变成大家凑下热闹、欢乐一番的活动。

南海神和波罗神

农历二月十三，是广州的一个民间盛诞——南海神诞，但民间习惯称这一天作“波罗诞”。这个节日究竟是怎么来的呢？在此，讲古佬给大家介绍一下。

原来古代广州是对外贸易的重要口岸，黄埔港是提供给来往广州的商船停泊的重要港湾。为求出海平安，早在隋朝的开皇十四年（594年），隋文帝下诏在黄埔港附近的扶胥镇立一海神庙，内奉南海神，传说每年的农历二月十三为南海神诞。南海神是谁呢？就是传说中的祝融。唐朝韩愈所写《南海神庙碑记》中有文“考于传记，而南海神次最贵，在东西北三河伯之上，号为祝融”可以证之。祝融本是位属南方的火神，但又有管水的权力。清初岭南学者屈大均的《广东新语》中有“南海之帝实祝融，祝融火帝也，帝以南岳，又帝以南海……故祝融兼为水火之帝，其都南岳，故南岳主峰名祝融，其离宫在今扶胥（今南海神庙所在地）”便可说明祝融兼管水火的能力。因此，民间视之为南海神。那问题又来了，为何南海神诞又被称作“波罗诞”呢？这里有一段故事。

传说有一年，从扶桑国（一说日本，一说印度）来了一艘商船，停在黄埔港。船上的一位扶桑国使者，叫达奚司空，独自上岸游玩，渐行渐远，来到扶胥镇的南海神庙，将从扶桑国带来的两颗波罗树种子种在庙中。他游兴愈浓，忘记了时间，当他回到码头的时候，载他来的商船已经去得远远的了。从此，他终日悲声哭泣，手搭凉棚向海眺望，希望海船回来载他，最后化成了一个石像。石像后来被江水淹没了，但关于达奚司空的传说却久久流传。人们认为达奚司空是中外友好关系的象征，就按他生前左手举额前望海舶归状，塑像祀于南海神庙中，并给他穿上中国的衣冠。宋高宗绍兴年间，还封达奚为助利侯。

又因为他曾经在庙中种下两棵波罗树，民间的人又把他叫做“波罗神”，甚至把南海神庙也叫做“波罗庙”了。渐渐地，人们索性把一年一度的南海神诞也改叫做“波罗诞”了。明代憨山禅师有一首咏达奚司空诗：“临流斫额思何穷，西去孤帆望眼空。屹立有心归故国，奋飞无翼御长风。忧悲钟鼓愁王膳，束缚衣冠苦汉容。慰尔不须怀旧上，皇天雨露自来同。”这首诗讲的就是这段故事。

每逢到了波罗诞，南海神庙总会人山人海，香火不绝。人们参拜之后，都会买些波罗符和波罗鸡回去。波罗符是木版印刷，中间印有祝融像，传说有保平安的功能。波罗鸡则用泥塑成鸡形，外粘鸡毛，据说十万只波罗鸡中，有一只像真鸡一样清晨会啼叫，谁买着它，就会鸿运当头。

说了这么多，那到底“波罗”是什么呢？波罗庙的“波罗”不是我们常说的“菠萝派（pineapple pie）”的菠萝（pineapple），而是另一种全名“大树波罗（jackfruit）”的水果。菠萝，原名叫凤梨，据《台湾府志》记载：“凤梨，叶薄而阔，而缘有刺，果生于叶丛中，果皮似波罗蜜而色黄，味甘而微酸，先端具绿叶一簇，形似凤尾，故名。”至于大树波罗，它又称波罗蜜、树波罗，其外貌和果肉都和榴莲很相似，不过口感和气味就大不相同。菠萝、大树波罗和榴莲，在水果店都可以买到，各位老友记不妨买来尝尝，看看三者有何不同。

波罗鸡——靠粘

相传在广州黄埔庙头村，住着一位阿婆，她养了一只大公鸡，毛色鲜艳，准时报晓，全村人都能听到。人们就听着啼声起床耕作，十分方便，视它为村中一宝，阿婆更是心爱到不得了。

邻村有个财主，亦看出此鸡非同凡响，提出购买，但阿婆怎舍得卖呢？况且它又是全村之珍宝。财主心里想要此鸡，见买不成，于是派了两个家丁把鸡偷回了家。怎料此公鸡很有灵性，到了财主家中就不啼了，也不喝不食。财主一怒之下，把鸡杀掉，鸡肉做菜下酒，鸡毛丢出门口。

且讲阿婆不见了大公鸡，非常心急，找遍全村都不见。想起日前邻村财主曾说过要买它，于是找到财主家门，见一堆鸡毛，认得是自家的公鸡的，十分伤心。但人家有财有势，怎斗得过呢？只好把鸡毛拾回家。为了寄托对此鸡的思念，阿婆用黄泥塑成鸡形，用糯糊把鸡毛一根根地粘上去，一只活灵活现、神态栩栩如生的公鸡又出现了。

不久波罗诞（农历二月十三）到了，阿婆急着筹钱给丈夫买药治病，无奈把这只人造假鸡拿到波罗庙门口卖，人们都来围观，大赞此鸡神情可爱，争相购买，阿婆卖得了好价钱。村民觉得这是一条挣钱之路，纷纷向阿婆请教。阿婆心地善良，亦毫不隐瞒地把制作方法教给大家。因是在波罗庙门前摆卖的，故这鸡叫“波罗鸡”。据说，买了此鸡回去后，会给自己带来如意吉祥。有人还说，每年在众多的波罗鸡中，总会有一只会啼的，谁买到它，一定行大运，大富大贵云云，信不信由你。

因波罗鸡的毛是靠糯糊粘上去的，故广州有句歇后语“波罗鸡——靠粘”，形容人爱贪小便宜、专揩别人油的意思。

波罗鸡背后的精神

讲起波罗诞，广州人第一时间想到的就是波罗鸡。波罗鸡是手工艺品，据说，十万只波罗鸡当中有那么一只是晓得清晨啼叫报晓的，得到这只显灵波罗鸡的人就可以行好运。以前还有个传说，说有个老农拾获了一只这样的波罗鸡，果然就富裕了起来。

故此，旧时老广州去完波罗诞拜完神，都会带只波罗鸡返归。究竟是否就为了“博一博”，希望“博”中十万中那一只，这就没有什么证据支持。讲古佬反而认为，那个“十万零一”的传说，恐怕是做波罗鸡者想象的一个美好故事，给自己一个理由，给别人一个理由，买的人开心，卖的人也开心罢了。或者现实点说，是种营销手段。其实，“鸡”同“吉”是谐音，大概波罗鸡的出现，是和老广祈求吉祥安宁的愿景有关。

波罗鸡，可以说得上是传统广州的吉祥物了。无独有偶，距离广州几千公里外的葡萄牙，当地人也把公鸡作为葡国的象征，叫做巴塞罗斯鸡。而在离葡萄牙不远的法国，高卢鸡也成了法国的象征。葡国的巴塞罗斯鸡成名源于一个“砌生猪肉”（诬告）的古仔。话说从前葡国一个叫巴塞罗斯的小镇上，有位富翁不见了一袋金币，毫无证据之下，富翁竟然说到其家出席晚宴的一位先生是“贼仔”。那位先生百口难辩，最后餐桌上的烤鸡竟然站起来引吭高歌，为他鸣不平。自此，公鸡被葡萄牙人看成是公正、信任、幸运的象征。而法国的高卢鸡则是和宗教有关，在基督教的教义当中，公鸡是警惕性的象征，法国人将之视为国鸡，以象征勇敢和好斗。

各位老友记，大家不妨再回看之前讲古佬介绍的关于波罗鸡的故事。当中的主角是一只英勇好斗的“斗鸡”（用于斗鸡活动的鸡），宁死也不愿意为财主去搏斗，后来死而复生。它寄寓了下层百姓不屈服于强权的坚毅精神，后来又被广州人赋予了幸运吉祥的意味。波罗鸡的经历和寓意与葡国鸡、法国鸡何其相似啊！这样看来，公正、不屈、勇敢，在历史上都是人类共同赞美的一种优秀品质。

看看如今，大家去波罗庙会，很顺手就买只波罗鸡的工艺品回家，大多求的是个吉祥的意头，又或者是基于那个“十万零一”的期许，但试问有多少人记住了它背后“威武不能屈”的深刻含义呢？年轻一代的广州人，很应该去波罗庙走走，看看庙会，凑热闹之余，还要记得在波罗鸡身上找回那份我们或者已经失去了的精神。

织女化神的传说

广州黄埔南海神庙最后一座殿叫“昭灵宫”，是供奉洪圣大王的妻子沈氏夫人的。沈氏原是一位普普通通的农家织女，怎会做了尊贵洪圣大王的妻子呢？这里有一段神奇的传说。

相传很久以前，广东顺德有位姓沈的姑娘，生得美貌如花，种桑、养蚕、织锦样样皆能，而且心地善良、助人为乐。

有一年顺德大旱，田地龟裂、庄稼枯焦，大家都心急如焚。沈氏织女想道：“听说羊城有间南海神庙，何不前去求雨呢？”

织女说服父母，日夜赶路，到百里之外的南海神庙，跪在洪圣大王神前祷告：“大王，民女求求您了，现今顺德干旱，请普降甘霖，使叔伯哥哥能顺利开耕、姐妹们能养蚕织锦。若能如愿，等丰收之后，民女定织下最好的绸缎，给您作铺陈。”

洪圣大王见织女风尘仆仆，不顾个人劳苦为村民来求雨，实是难能可贵，定要相助。各位看官，“铺陈”本是装饰的意思，但由于织女声细又有点沙，洪圣大王误听为“夫人”，亦默许了。

果然织女走后，顺德就下起雨，百姓欢天喜地开耕，获得丰收。织女按照自己的诺言，用最好的蚕丝，织成最美的绸缎，带去南海神庙作铺陈来还神了。

洪圣大王见织女一片诚心，便对众神宣布：封织女为“明顺夫人”。话音一落，织女便化作一堆泥土。当晚洪圣大王托梦给庙祝，叫他把这堆泥土塑成像，并建殿供奉。

织女姓沈，这殿又称“沈氏夫人殿”。因附近的庙头村很多人姓岑，“岑”与“沈”之音近似，故村民亲切地尊称织女为“姑婆”。传说此殿落成不久的一天傍晚，庙头村许多户人家的小孩都不见了，四下寻找，找到沈氏夫人殿，见小孩们全都在那里嬉戏玩耍。孩子们说："姑太婆婆和我们一起唱歌跳舞，玩得很开心呀！"村民悟道："姑婆是很爱小孩的，是小孩的保护神。"故以后每当下田或出外不便带小孩去时，总是将小孩带到沈氏夫人殿，拜一拜神像，说声"多烦姑婆关照一下"，就可以放下小孩，安心而去。说来也奇怪，据村民说，多年来，在此寄下的小孩从未发生过意外，信不信由你。

三月三，搞大佢

每年三月初三是北帝诞，广州泮塘仁威庙都会有盛大的庆祝活动。讲到北帝诞的由来，就要从中国古代的星辰崇拜讲起。

古代的中国人将天空中的星星分成二十八星宿，并将二十八星宿平均分成四组，每组七宿。每组星宿与东、西、南、北四个方位相配，分别以苍龙、白虎、朱雀、玄武四种灵兽作为代表。玄武最初是一个由龟和蛇组合成的灵兽，被古人视为掌管北方的神灵，后来道家把玄武正名为“北方真武玄天上帝”，简称北帝，民间也逐渐将玄武人形化，变成如今常见的身穿道袍、手执长剑、脚踏龟蛇的神人形象。北帝被纳入道教的神灵体系之后，已经成为地位仅次于三清和玉皇的道教大神。由于它是北方之神，在五行当中，北方属水，所以它主风雨。广东是多水之地，故长期有供奉北帝的传统，每逢农历三月三北帝诞都会隆重其事地庆祝一番。

顺便提一句，北帝还是屠宰行业的守护神。传说北帝原本是个屠夫，甚有孝心，后顿悟得道，剖腹挖出肝肠，投入河中，肝化作龟，肠化作蛇，而屠夫则化成神，脚踏龟蛇而行。

早在宋朝的皇祐年间，位于广州西关泮塘的恩洲堡人就联合当地十八乡人共同集资建了一座北帝庙以供奉北帝。建庙是有原因的，事关当地有荔枝湾流经而且水塘甚多，可谓水乡当中的水乡。人们都希望能得到北帝保佑，年年风调雨顺。由于北帝有“神威”之称，后来该庙就改名为“仁威”，并一直沿用至今。传统上，同广东其他地方一样，泮塘仁威庙每逢北帝诞免不了都会“大搞特搞”。

如果有人问我，泮塘北帝诞应该点搞，我会说应该搞得越大越好。事关它是我们中国人的神灵，又和我们广州人有如此密切的联系，与其说北帝诞是北帝的节日，不如说是我们的节日。讲古佬最怕的是，后生仔女过圣诞、复活节就“兴过辣鸡”，过自己国人的传统节日就觉得“烦到抽筋”。忘记了自己的神灵，就是忘记了自己的文化，有如挖了根的树，生长不了。所以，如今要大搞北帝诞，意义已经不同以往，除了是表达民众的美好期盼、博大家“开心下”之外，更是一种文化的延续。

◉仁威庙此牌楼乃近年政府新加建的。（摄影：刘海峰，拍摄时间：2012年5月7日）

齐哇哇，去南沙

农历三月廿三是传统节日天后诞的正诞日，旧时每逢天后正诞，广州民间都会举行大型的庆祝活动，一般持续两到三天。重建后的广州南沙天后宫则是目前广州最具代表性的天后庙，也是东南亚地区最大的天后庙。每年天后诞正诞之时，那里都会有成千上万的信众前去祈福拜祭。

那么，传说中的天后到底是什么来头呢？原来，天后亦称妈祖、妈祖婆、天妃、天妃娘娘、观音天后，等等。相传天后的原型本是宋代一位普通的民间女子，由于其短暂的一生中留下了无数救难济世的动人事迹，因而赢得了时人的称赞。后人渐渐把她奉为神灵，从而形成了一种民间信仰。

根据《湄洲志》和中国台湾《林氏太宗谱》的记载，天后姓林名默，祖籍福建省莆田湄洲岛，是宋初宫都巡检林愿的女儿。林默生于宋代建隆元年（960年）三月二十三，因为满月时仍然不啼哭，所以家人为其取名“默”。她年幼的时候很聪明，通晓医术和天象，经常救助海上遇险的渔民。28岁时，她渡海成仙。也有人说，天后原本是一位姓林的普通渔民的女儿，死后变成神仙，经常乘一张飞席巡游于岛屿之间，救助遭遇海难的人。哈哈，这真有点像阿拉伯神话里的阿拉丁。

由于传说天后有保佑出海人平安的神力，所以又被人们尊为海神。清代屈大均的《广东新语》中有这样一段记载：“天妃神灵尤异，凡渡海卒遇怪风，哀号天妃，辄有一大鸟来止帆樯。少焉，红光荧荧，绕舟数匝，花芬酷烈，而天妃降矣。”同类型的关于天后救海难的传闻还有很多。

而我们广州南沙的天后庙，在当地一带还流传一个天后托梦的故事。几年前，广东汕头有一位姓陈的先生，有一晚突然发了一个奇怪的梦，他梦见天后娘娘说自己被白蚁所蛀很不舒服。陈先生于是乎从汕头出发，不远千里，走遍香港、澳门、珠海各地的天后祖庙，但好可惜，都不像他梦里梦见的地方。后来，他听说广州南沙有个天后庙，又赶到南沙，一看，里面的环境与梦里头的一模一样。他认定，一定是这里的天后像被蛀了。找来工作人员一说，开始的时候，大家都不相信他，但一检查，发现天后像的左膝位置的声音空洞，再细致查看，果然像身自下而上已被白蚁蛀空了。陈先生毅然筹集了三百多万元，请人重修庙宇，再造金身。至今，这个“天后托梦，好心人千里寻踪”的传说，还在南沙一带的民众口中传扬。

端午节：泮塘龙舟

端午节，扒龙舟是广州人不可缺少的一个节目，关于广州的龙舟竞渡，如今还流传着一个有趣的故事。

话说，早在清代末年，泮塘龙船已经是龙船界的大哥大。而与之平起平坐的，便是盐步龙船。泮塘龙船以人气鼎盛、技艺高超见长；盐步龙船则以“龙筋”弹力好，划进轻巧著称。每年端午的夺标比赛，两只龙船几乎是轮流问鼎，势均力敌。

有一年的比赛，泮塘和盐步两龙船抛离其他对手，离弦之箭一样向着终点飞去，彼此争当马头。站在泮塘龙船船头做指挥的“后生仔”急了，他一定要将锦标夺到。船离终点还有两丈多，他气力不知从何处而来，大喝一声，飞身跃上岸，把锦标夺到手中。盐步人见到这样，亦没有计较，只好认作第二。

当泮塘桡手高高兴兴抬着金猪，举着锦旗回到本村的时候，却被父老乡亲责骂，说船未到岸，是你们跳过去抢来的，怎成呢？应该送回盐步才对！泮塘的“后生仔”们很听话，于是把奖品送去盐步。但盐步村民很大度，认为是泮塘应得的，又送回泮塘，泮塘人不肯收，又送回盐步。就这样，送来送去，送到烧猪都烂了。后来两村相议：大家无谓谦让了，都是第一，不如两只龙船结契啦！于是，盐步那只龙船是白须老龙，称为“契爷”（干爸），泮塘龙船是黑须的，称为“契仔”（干儿子）。从此以后，两村在端午节出龙船的时候，船上都有一面头牌，头牌上写着一副对联：“昔日夺标同结契，当年沧海冠群雄。”直到现在，两村划龙船的爱好者都保持着友好往来，而且世代相传，成为广州赛龙舟史的一段佳话。

城隍旧事“逐个睇”

沉寂多年的广州城隍庙，经过一番大修葺之后，在2011年重新开门迎客，一展六百年前的风采。一讲到城隍，讲古佬又要慢慢同大家“讲耶稣”。

首先城隍是何方神圣呢？城，是城墙；隍，是城墙外环绕的深沟。沟中无水叫隍，有水的叫池。城墙和护城沟是用来防御外侵的，所以一个城的守护神，人们就称之为城隍神，也有叫城隍爷、城隍、显佑伯的。周朝腊祭八神，八神中排第七的叫水庸，就是城隍了。

城隍是道教的神。佛教有阴间地狱之说，阴间由阎王及其属下各级“官吏”管理。道教利用佛教的阴间地狱之说，把在民间影响巨大的城隍纳入道教神谱中，在民众心中进一步强化了其歼恶除凶、护国保邦的神力形象，并以城隍为管领亡魂之神，成为人们心目中的阴间长官。从唐代开始，各地的人们开始将当地去世的英雄或名臣立为当地的城隍，希望他们的英灵能和生前一样，保佑百姓，打击邪恶。

讲到这里，讲古佬突然想起一句广州俗语：“水鬼升城隍”。广州人每每形容一个人从低的位置突然擢升到一个高位，就会称之为“水鬼升城隍”。这句俗语带着一点贬义色彩，通常较少指那些凭真才实干、个人努力的“上位”，而较多指那些“死好命”或者“关系硬”的快速“上位”现象。

水鬼，不是传说中的死于水中而化为的那种厉鬼，而是一种“不成器”的小鬼。传说，这种水鬼在夜静更深之时，就会出现在河边和海岸捉弄人，“整蛊做怪”直到天明才回水里。如果拿女人的洗脚水或者男人夜壶里的尿向水鬼“兜头淋”，它就无所遁形，回不到水中，乖乖向你磕头求饶。所以在人们看来这种水鬼是“又有用，又反动”。

所以“水鬼升城隍”就是不成器的小鬼、小混混变成大神、一方“阿头”。

还有句话，叫做“经过城隍庙唔求番支好签”。旧日城隍庙是有求签占卦的，古人都很信奉城隍，遇到什么不顺心的事，每每都会进庙求签以求城隍指点迷津。除了到庙问卦，广州以前还有城隍庙“买路票”“烧王告”的习俗。民间传说，但凡外乡人在广州去世，必须要到城隍庙领路票后才能引领亡魂返回原籍。老广州都知道，有一个“鬼古”（鬼故事）叫做《大闹广昌隆》，说的是一个青楼“红牌阿姑”（即名妓）廖小乔被负情郎赵怀安所骗，自缢身亡而成厉鬼的传说。其中说到，小乔遇到卖绒丝线的“绒线刘”，“绒线刘”引领小乔魂魄去找怀安，就有到城隍庙求路票的一幕。至今老一辈的广州人还会提到。至于“烧王告”，就是指百姓遇到不平之事，常会写状子并在城隍像前焚烧，求城隍为其主持公道。

讲古佬虽然讲了这么多“耶稣”（一大堆话），但关于城隍的事，其实还没说完。还是建议各位老友记，得闲真的要去整修一新的城隍庙好好走一趟。不知为何，一想起这座重新发光发亮的城隍庙，讲古佬总会感到一丝丝的安慰。

◉难以想象，2011年完成修葺并重开的广州城隍庙，之前曾长年破落非常，隐没深巷无人知晓。（摄影：刘海峰，拍摄时间：2012年5月7日）

城隍诞同日并非巧合

话说，2011年的时候，来自新加坡城隍庙的住持戴宗明师徒五人赴穗“请”城隍，当时发现两地城隍爷竟在同一日生日。其实，在讲古佬看来此情况绝非偶然巧合所致，个中更有很深的渊源。

城隍信仰并非局限于中国，东南亚也有城隍庙的存在。但城隍诞的日子，各地则不尽相同。如安徽安庆的城隍诞是五月十五，河南归德的是五月廿八，湖北荆门的是九月初七，浙江会稽的是九月十二。而广州的城隍诞一般认为是七月廿四，一方面，广州城隍庙在清代时升级为都城隍庙，清代梁绍壬说：“今七月廿四为都城隍诞辰，传是日为我国筑城之始。”另一方面，七月廿四这天，从前是广州一个重要的民间节日——郑仙诞，在郑仙诞这天，广州人有到城隍庙上头炷香的习俗，可能出于祭祀方便，便将两个诞安排到同一日。

但为何新加坡城隍诞又会与广州的相同呢？这是有其历史原因的。清代，中国东南沿海掀起了一股移民东南亚国家的浪潮，移民将自己的信仰带到移民地。移民到达新加坡之后，根据他们的方言和习俗分成若干帮派，建造供奉他们信仰神明的庙宇，作为同乡活动、联络感情和解决地方事务的场所。这些神明，当然也包括城隍在内。由于在这些移民当中，广东人占了很大的比例，所以粤式的城隍信仰相对比较强势，这就导致在当地的城隍祭祀仪式、神诞日期等方面，都与广东的有很多相似甚至一致之处。而在广东地区，级别最高的城隍庙便是广州城隍庙，新加坡华人将城隍诞定在广州城隍诞的同一日子以示其正统地位的可能性就非常大了。

说到新加坡的城隍，原来一开始的时候并没有专门的城隍庙，城隍爷只是被供奉在帮权庙宇之中。而第一座正式的主祀城隍爷的庙宇，是1905年在新加坡市区建立的星洲城隍庙。目前，新加坡最“响朵”（有名）的城隍“独立公寓”是韭菜芭城隍庙。韭菜芭城隍庙与中国的宗教团体联系非常紧密，几乎每年都举行相关的宗教交流和联谊活动。

故此，与其说穗新两地城隍诞同日是一种巧合，不如说，这正反映了广州城隍庙作为一个都级宗教机构的巨大辐射力，也折射出了广东人叶落归根、不忘故乡的游子情怀。事实再一次证明，重修城隍庙在岭南文化建设与推广上写下了成功的一笔。

老广的乞巧节

农历七月七是七夕，名为乞巧节，又名“女儿节”，不过老广州中意叫这一日做“拜七姐”。它的来历，自然是大家耳熟能详的牛郎织女的故事了。

乞巧，本意是女仔向织女乞求做“女红”的巧手，但乞巧节除了是乞求巧手之外，又带有民间对于美好婚姻的愿望和祈求。

过去的老广很重视乞巧节，未到七月份，就已经用瓦钵浸稻谷，生发名为“七姐秧”的秧苗，用以拜七姐。过完节后，又将之晒干，这种苗干用以煲水饮，对治疗“生疳积”或者胃口不好，效果显著。另外节前亦有采凤仙花拜七姐的习俗，不讲你不知，未有指甲油的时候，女仔就是用凤仙花瓣来染指甲。可能有朝一日，用凤仙花染甲会成为各位潮女的新玩法都不一定。到了农历七月初五，有条件的人家都会开始在家中摆一桌女仔做的微缩工艺品台景，一直摆到初七。

到了初七乞巧节当日，新嫁的女仔，要回外家与姊妹一道欢聚，共拜七姐，兼且当晚要请未出嫁的姊妹食夜宵。晚上的拜祭仪式都好特别，要当天叩拜七次，因为织女有六个姐姐，还要通宵不睡觉以示对仙女的尊重。成夜“流流长”，当然要找些东西玩玩啦，对月斗快穿针便是例牌游戏啦。有些家庭，还会请来伶人彻夜唱粤曲助兴。到了子时，未出嫁的女仔会闭目趴在神案上，名为“仆仙”，据说可以看到将来那位老公的样子。摆有工艺品的家庭也会打开大门，任人进来参观初五就摆好的台景，这叫做“摆七夕”。男子就会穿街过巷，参观各户摆设的台景，叫做“睇七夕”。

虽然乞巧节是“女儿节”，但是在七夕有些家长都会要未婚的儿子当天叩拜，拜的却不是七姐，而是牛郎，据说可以求得牛郎保佑娶个好老婆，婚后夫妻恩爱。所以有“男拜牛郎，女拜七姐”的说法。

广州人过乞巧节的习俗，在20世纪50年代仍很盛行，不过后来就慢慢淡化了。近些年，一些团体和个人开始着手重现乞巧风俗。

今时今日，出现了“剩女剩男”的名堂，这一群人都有着“高不成低不就”的困惑。讲古佬建议不妨借借七夕佳节，玩玩“仆仙”、拜拜织女牛郎，或能有所顿悟，解开心中郁结，成就一段称心如意的婚姻。

七月七，就由耍流氓说起

讲古佬有次与一位友人食饭，谈及牛郎织女的故事：牛郎听从老牛指点，趁七姐下凡沐浴偷了她的衣服，七姐因此便回不了天庭，成了牛郎的妻子。我就说，作为一个说书人，我一直觉得这个故事很不合理，怎么两个人的爱情就这么龌龊，偷件衣服他们就好上了？友人哈哈一笑，他说：“其实是我们搞文艺的人，一直把爱情描绘得有点幻化了，说真的，再美的爱情都是从耍流氓开始的！”这话，讲古佬算是受教了。

或许这种“耍流氓说”很难为“爱情神圣论者”所接受，那么我们换种讲法，应该说传统乞巧节所体现的正是一种朴素的对婚姻的向往。

传统社会的伦理观念，几乎是没有自由恋爱的生存空间，爱情的唯一表现方式便是婚姻。所以，与其说七夕所表达的是过去的青年男女对于爱情的向往，不如说古人通过乞巧去迎合当时的择偶潮流，以祈求嫁个好人家或娶个贤妻。可能讲古佬这样说，后生仔女听落有点扫兴，但事实确实如此。传统社会要求女子无才便是德，但懂“女红”就另当别论，事关男主外，女主内，缝缝补补这些家头细务在当时看来是女子理所当然要承担的。“女红”做得出色，是体现一个女子贤惠的重要指标。因此，便出现了七夕的“乞巧”习俗。乞巧，就是乞求巧手，所以七月七除了叫七夕、七姐诞外，又称作“乞巧节”。

往时，在七夕前的农历六月份，乞巧女就开始准备制作各色工艺品。从七月初五开始，有女孩的人家就会在门内摆放八仙台，上面陈设由家中女子所做的工艺品，当中以微缩工艺品为主。有钱的人家还会购置现成的工艺品来摆，当中甚至有一些是用贵金属所做成的，例如纯银打造的微型家具、车马，等等。摆好了这些东西，就会打开家门，任人进屋参观，称为“摆七夕”。青年男子亦喜欢穿街过巷，到各家各户里参观，称为“睇七夕”。说白了，就是一项女家通过“摆七夕”展现手艺以示贤惠，男家通过“睇七夕”来物色贤淑女子的活动。“摆七夕”摆得够水准的，分分钟能被好人家相中，然后提着厚礼来提亲。到了七夕前一天晚上，有拜仙、仆仙、对月穿针等活动，参与这些活动的当然亦是女仔人家。所谓拜仙，就是拜七姐和她的六位神仙姐姐，简而言之，就是表达向仙女学习的期盼。仆仙，就是趴在放有供奉七仙女的祭品的八仙台上，据说可以见到自己将来的如意郎君。对月穿针，就是要比试穿针的速度，以展示“女红”的水平。这些举动，无非是求嫁得好。未婚的男子也不例外，他们常被家长要求在七夕前一天晚上拜牛郎，目的就是求能娶得貌美贤妻。因而有“男拜牛郎，女拜七姐”一说。

正因为由不得自己拣，父母之命的婚姻，娶得好不好，嫁得好不好，真是好讲“命水”，所以就要寄望于神灵庇佑，要求亦很简单。看回现在，青年男女在爱情、婚姻的选择上，命运更多掌握在自己手中，但要求亦随之变得复杂得多。不过，复杂也好，简单也好，回归到生活，过日子要的始终还是那种实实在在的爱情。

“鬼节”点解

每到农历七月中旬，后生仔女们可能都会经常听到家长劝吓：“唔好出夜街啦，早啲返！”相信会令到好多“蒲仔蒲女”都冇晒节目。事关农历的七月十四，是我们广州人所说的“鬼节”。坊间传言，这段时间出夜街容易撞上“不干净”的东西，为“鬼节”平添了几分神秘、恐怖的色彩。究竟“鬼节”是不是真的那么“得人惊”呢？关于这个节日又有什么“古仔”，有什么地道的风俗呢？

其实“鬼节”是这一天的一个俗称，广州人对它的另一个俗称是“烧衣节”，其正名为盂兰节，是一个佛教节日。“盂兰”为天竺语，是“解民倒悬”之意。

相传佛祖释迦牟尼的弟子目莲尊者得受佛法，救了他的母亲脱离地狱，后来目莲尊者得道成为“地藏王菩萨”专管阴间。佛教就定其救母超生之日为盂兰节，并自该日起，一连三天举行“盂兰胜会”，大做超度亡魂之法事。无独有偶，道观在农历七月十五也有类似的活动。农历七月十五是道教的中元节，广州人通常会习惯到三元宫乞求地官赦免平日所做的罪恶。或许是受佛教盂兰节影响的原因，或许是巧合，道教的信众也在这日到道观超荐亡魂。

说回佛教的盂兰节，它传到广州民间，就衍生了另一种说法，说在农历七月十四当日子时时分，鬼门关会打开，地府里的鬼魂都会来到人间，故称“鬼节”。

旧时广州，在盂兰节、中元诞前后的一段日子，家家户户都会一大早宰鸭制备菜肴，准备拜祭祖先。祭品用鸭而不用鸡，据说是因为鸡有爪，会把供奉给先人的衣纸抓烂。故在民间就有歌仔是这样唱的：“人怕失魂、狗怕夏至，镦鸡最怕年廿几，生鸡（公鸡）最怕年初二，黄毛鸭仔最怕七月烧衣。”到了傍晚时分，老广州就会在门口或者街边，点起香烛，摆下祭品。祭品中除了鸭，还有豆腐、粉丝等。而龙眼是不可缺少的祭品，俗语说：“烧衣无龙眼，生仔冇屎眼（肛门）。”至于为何，讲古佬就没考证到了。拜祭一番之后，人们就会烧大堆的纸金银、纸元宝、五色衣纸，以寄供给亡魂回地府使用的寓意。最后，人们就会撒饭、豆腐、龙眼和铜钱。

讲笑咁讲，正所谓：“日头唔好讲人，夜晚唔好讲鬼。”若然阁下在夜半开卷，看到这一篇，敬请跳过，留待天光了再看，大概无妨。

清明节习俗逐个数

近年，为了唤起更多人对于传统节日的重视，清明节已经被列为公众假期，我们可以好好地缅怀一下先人。但清明节何以为节，这个传统习俗大家又知道多少呢？讲古佬为各位讲一讲。

清明，是二十四节气之一，通常在阳历的4月5日左右。传说战国时期，晋国内乱。晋公子重耳被迫与群臣逃难。途中干粮已尽，随臣介之推割下大腿肉熬肉汤献重耳。后来，重耳做了国君，称晋文公，擢升官员的时候，竟忘记了忠心耿耿的介之推。介之推深感文公“不可共富贵”，愤然辞官，隐居绵山。内疚万分的文公去绵山寻觅之推，几经呼喊，仍未见其“浮头”（读作“蒲投”，露面），情急之下，放火烧三面山，只留一条路，欲逼其现身。大火连烧三日，仍不见介之推出现。火既熄，文公入，见之推抱大柳树被“监生”（活生生）烧死。在树洞中，见其留下血书一封：

割肉奉君尽丹心，但愿主公常清明。

柳下作鬼终不见，强似伴君作谏臣。

倘若主公心有我，忆我之时常自省。

臣在九泉心无愧，勤政清明复清明。

文公伤心甚矣，厚葬之推，下令每年这一日不得生火，为寒食节，寒食节后一天为清明节，并定下寒食节（清明前一天）和清明节纪念他。文公赐柳树名为清明柳，届时每户门口皆要插上。文公还将介之推抱着死的柳树锯成两块板，做一对简便的“鞋”穿于脚上，以寄哀思。一见此“鞋”，文公辄叹：“悲乎足下！”据说，这“鞋”便是后来的木屐了，而古人对他人的尊称——“足下”亦因此得来。

清明节是拜祭先人的日子，老广州会称之为“拜山”。旧时，在清明当天朝早，男男女女都会荷锄挽竹篮或食盒，至祖坟，先除杂草，后锄几个草墩，置于坟手和坟头之上，用以压长白的字条。用红漆填写碑文后，就摆上祭品，再依次点香烛，烧元宝衣、纸金银。拜祭过后，奠酒、烧炮仗，最后参与拜祭的人一同分吃芋头，寓意“添丁发财”。

另外，新逝者的坟称为新山，广府人习俗，新山要在清明前拜扫，一般在二月二土地诞（俗称社日）之前，有“新山不过社”一说。

讲起广州传统的清明“拜山”习俗，不得不提旧时一种由此衍生出来的职业——“山狗”。“山狗”其实是专替人除草、打草墩，做“粗重嘢”（重体力活）的一类人。他们也兼做“执骨”迁葬的工作，也就是打开墓穴，将棺木中的骨殖装入“金塔”（又称“金埕”，用以装尸骨的瓦坛），再另葬他处。不过，现在火化普及，甚少土葬，“山狗”这个行业也渐渐消失，问起“金塔”是什么，后生仔女可能也没几个知道。

最后一种风俗是“太公分猪肉”。以前村民在清明拜祭过后，就会到祠堂聚饮，将用于拜祭的大烧猪分切成约一斤一份，每个男丁都可分得一份，六十岁以上的男人可得双份。故此，广州有句歇后语叫“太公分猪肉——人人有份”，广州人又会将一些人人有份的奖项称为“猪肉奖”。

随着社会的变迁，丧葬习俗随之改变，拜祭的风俗比起以往也变得很不同。但风俗怎样变都好，我们怀念祖宗先人的情怀是始终不变的！

广州人过中秋

过去广州人贺中秋非常隆重，十四为“迎月”、十五是“赏月”、十六叫“追月”。中秋之日，宰鸡杀鸭，制成菜肴，奉神祭祖之后，共吃团圆饭。晚上，悬挂彩灯于中天，有天台的人家用长竹竿将彩灯竖于高空，灯月交辉、相映成趣，叫做“竖中秋”。当明月升至半空时，便举行拜月仪式，或邀亲友一齐赏月，香茶一壶，有月饼、香蕉、大红柿、梳麻柚、熟芋头，更有和味炒田螺。据说对月吮螺，可以明目。大家边吃边赏月边谈笑，十分欢快。儿童则挑着各色彩灯走来走去，嬉戏笑闹，亦十分开心。

相传从前广东有一个心地善良的老人，叫张古老。他见穷人没鞋穿，便发明了草鞋，空闲的时候就打草鞋赠给穷人，深得人们的爱戴。当时有个财主，知道了这件事，认为是生财之路，要张古老替他织草鞋来卖并且将织草鞋的技艺教给他的家丁。张古老一口拒绝，财主一怒之下，将张古老打至重伤吐血。八月十五那晚，张古老知道自己命不久矣，恐怕织草鞋的技艺会失传，便忍着伤痛拄起拐杖叫附近邻居过来，在月光下教大家打草鞋。但张古老只教到织鞋底一步，就吐血身亡了。所以此后，草鞋都是有底无面，安几只耳，用绳穿上绑着脚就算了。

人们悲痛万分地安葬了张古老，都说张古老升仙了，在月亮里打草鞋，旁边有只玉兔为他捣药。人们怀念他，就在八月十五他“升仙”那一天，用他生前喜欢食的芋头和田螺来拜祭他，还点起灯笼，迎候张古老回人间。此后，挂灯、吃芋头、吮田螺就成了广州和南番顺一带贺中秋的独特风俗。

还须一提的是，过去在广州西村、增埗、南岸一带，中秋节晚上有舞叶龙的习俗。用榕树枝叶扎成一条三四丈长的青龙，用两个芋头作龙眼，再斩两条树丫作龙角，由十几个后生仔举着它舞，穿大街、过小巷，边舞边唱：“龙来到，揾钱揾无数；签钱买草绳，今年又太平；签钱买蜡烛，年年起大屋；签钱买元宝，明年娶新抱（媳妇）！”儿童挽着彩灯，尾随后面跟着唱。众人争着拜龙，把点着的香烛插在叶龙身上，这条青龙渐渐变成了一条流光溢彩的火龙了。唱歌声、欢笑声、鞭炮声响成一片，为中秋节增添了不少热闹气氛。不过这种风俗只是局限在一些地方，20世纪50年代后已经渐渐消失了。

时至今日，后生仔女过中秋，又多了很多新玩法、新花样。讲古佬建议，不妨古老当时兴，玩玩一些现已消失的风俗，也许会有一番新意思。

月饼大战

关于中秋月饼的由来，坊间传说，在元代，农民起义军在饼中藏字条，秘密传递消息，相约在八月十五中秋当日共同起义。后来，月饼就成为中国人过中秋不可缺少的食物，月饼也被赋予了团圆的象征意味。

在中秋这个中国人都很重视的节日，商家当然不会放过借月饼“揾大银”的好时机。各间饼家、茶楼，甚至礼品店、咖啡厅都纷纷推出各具特色的月饼，用各种营销招数，打一场没有硝烟的月饼大战，希望可以从中“捞翻笔”。但各位不要以为，月饼大战仅仅是现今社会的产物，其实早在清末民初，广州的商家就已经为了推销中秋月饼而“打到火红火绿”。

从前，中秋节前一个月，广州的茶楼、饼家就会各显神通来争取顾客“帮衬”。例如，从前太平桥有间三如茶楼，专门打造“麒麟送子月”字眼的金漆木雕，摆在当眼处。其工艺精细，古色古香，引得很多行人驻足欣赏。又例如，有的商家推出买二送一大优惠，只要客人买两筒（盒）月饼，就送一盒“月光饼”（用小玻璃盒装着的精装月饼）或“猪笼饼”（用竹篾染红织成小型猪笼，内装猪形的小饼）。

不过，这些也不过是寻常的招数，要问当年出招最狠的，那就要算陶陶居了。它摆出一个外表普普通通的月饼，但却要价一百大洋。一百大洋在当年足以买栋两层高的楼了。消息一传开，很多人专程去参观，一时之间，陶陶居门庭若市。有个人出于好奇，把心一横，买了。当切开来的时候，一看，傻了，原来里面放的全是黄金饰物，价值远远超出一百大洋。众人一传十十传百，整个广州传得沸沸扬扬。陶陶居如此“落重本”来炒作一番，看来收效还是很不错的。

说起广州的月饼，旧时对月饼的规格的划分，还有很多讲究的地方。广式月饼，按馅料分，有莲蓉、豆沙、豆蓉、椰蓉、五仁、烧鸡，等等。在馅料中加一个咸蛋黄称蛋黄月，加两个，称双黄月，规格上以四个为一斤装，又称一筒，俗称“足斤”。四个加起来为一斤四两重的，叫“加头”。还有“七星伴月”，即在盒内中间放一个大月饼，周围是七个小月饼。

古人不见今时“月”，今月曾经照古人。虽然同是中秋佳节的月饼，但如今的月饼，无论是种类、规格、款式、馅料，比起当年都已经越来越多样化了。更有甚者，竟然把月饼和屁股给联系上了，推出屁股形的月饼，吃饼之余还“得啖笑”，确实是个好主意。但讲古佬觉得，不论月饼怎样变，即使变得再“离奇古怪”，但月饼背后的那份中国人的中秋情怀是始终不会变的，那就是中国人渴望亲人团聚的一份浓浓的故乡情。

广州重阳节习俗

农历九月九是重阳节。“九”是阳数中最大的数，两个九相叠，故名“重阳”。

在这个节日中，一般不须拜什么神，其主要习俗是登高。传说从前有个叫桓景的人，他拜费长房道士为师。有一次，费长房对他说：“九月九那天，你家有大难！”桓景听闻，吃了一惊，连忙请教趋吉避凶之法。费道长对他说：“你快同乡人登上高山，饮菊花酒，戴上茱萸，就可以免此灾劫。”桓景听后照办，傍晚回到家中，见鸡犬牛羊真的死光了。从此之后，重阳登高可以消灾行好运的风俗就传播开来。

九月的广州，秋高气爽、凉风习习，正是登山的好日子。广州人多是登上越秀山或白云山，直待天明，祈求好运。

有些少年在这节日里以放风筝为乐。风筝，广州人称“纸鹞”，它的制作很简单，用竹篾扎好，糊上薄色纸，加两条纸飘带就成。有些人为了要将别人的纸鹞割下来，故意把线浸过胶水再粘一层玻璃粉，用此线放纸鹞上天空割别人纸鹞的线，谓之“界鹞”。

有些人在这一天拜祭先人墓，如清明节来不及修整山坟或迁葬的，可以在这一天进行，还会蒸松糕、宰鸡来奉祖。新中国成立后，重阳祭祖之风俗渐渐淡薄了，被各种形式的敬老活动取代。

第二辑　地名寻根

广州建城历史始于公元前214年。两千多年来广州中心城址一直不变，成就了众多纵横交错的街巷。羊城每一条古旧街巷，都历经了几百年上千年的沧桑变幻，每一个地名背后都有一段动人的故事。

广州“河南”的由来

各位老友记，如问广州“河南”是怎样得名的，也许很多人笑道：“‘一’字般浅，珠江河之南就叫河南啦！”当然，不能说你错，但从前珠江宽阔，广州人是称之为海的。渡江叫“过海”、江边叫“海皮”，有条街叫“珠海波光”，称珠江为“珠海”，亦有“镇海楼”、“靖海路”等地名，可见从前不是称珠江为河的。

“河南”之语，要追溯到东汉时期，广州下渡村出了个大官，名叫杨孚，在洛阳任议郎之职。他为官正直，为国家推荐了不少贤人，深得皇帝器重。

一天，杨孚见手下官差张宝愁眉苦脸，便问其故，张宝说，母亲病重，无钱医治。杨孚马上拿出20两银子给他，张宝千恩万谢，就用此银请医买药，救了母亲。从此张宝将杨孚当作救命恩人，处处殷勤侍奉，亦念念不忘要归还杨孚给的银子。但他是个杂差，能挣多少钱呢？有天，同事说，杨大人告老还乡，过几天要走了。张宝又心急又难过：为了医治母亲的病已经家徒四壁，一件值钱的东西也没有，现在大人要回乡了，怎办呢？刚好此时，杨孚路经他家附近，顺便来探望他。张宝很不好意思地说：“大人，那20两银子……”杨孚笑道：“哈哈，你以为老夫是来催债的吗？”“不不，但我……”“老夫初到洛阳时，人地两生，得你帮助不少，应向你感谢才是，那银子聊表谢意。我现在是来向你辞行的。”说完，杨孚拱手作别。

张宝含着眼泪相送，看到门口有两棵五鬣松，青葱翠绿，十分可爱，心念一动，马上说：“大人，我没有什么送给你了，这两棵五鬣松，南方少有，四季常青，寿命很长，算是我一点心意，送给大人作留念吧！”“好，北国百姓的盛情，我领受了，谢谢！”

就这样，杨孚将松树带回下渡村，种在家门口。说来也奇怪，当年冬天，广州竟下起雪来，五鬣松挂满了雪花，十分罕见。人们都说：此雪是受杨大人的感召，从河南而来的。汉朝称洛阳一带为河南，意为黄河之南。众人纷纷相约：去河南看雪松！此后才泛指珠江南岸这一带为“河南”。

对此故事，唐朝诗人许浑有诗云：“河畔雪飞杨子宅，海边花发越王台。”清代学者屈大均亦有诗云：“能将北雪为南雪，为有苍苍自洛来。松柏至今虽已尽，花田尝见雪花开。”

城中村印证移民史

2011年，时任广州市市长万庆良提出选取代表性的城中村进行原貌保留，并研究建立农民工博物馆的要求。究竟选取哪条村的问题，一时引发热议。那到底广州的诸多城中村有什么特色和故事呢？讲古佬为你道其中一二。

广州的城中村，其中大多是古代中原移民迁移到广州定居而形成的。开村历史较早的有河南的沥滘（早至周代）、康乐村（早至魏晋南北朝时期以前）、下渡村（早至汉代以前），开村历史较迟的就数越秀区的登峰村和天河区的林和村（开村自清代）。而其他的城中村，开村时间都相对集中在宋、元、明三个时期。这三个开村相对集中的时期，是和历史上几个南迁移民潮的时间相吻合的。讲古佬现在就拣选几条有特色的城中村，讲讲个中故事。

例如杨箕村、冼村和石牌村，它们可以分在一队，因为它们在古代曾经同属永泰乡管辖的范围。

先讲讲杨箕村，讲古佬之前亦介绍过，在北宋时期，杨箕已经有最早落户的黄氏族人。当时的杨箕村是一块被珠江水冲积成块状的小沙洲，形状颇似筛米用的筲箕，故此被命名做“簸箕里”。到明朝弘治年间，此地改名“簸箕村”。直至20世纪30年代，由于广州有两条簸箕村，而将河南的改名作“南箕村”，将东郊的改名“杨箕村”，是因杨箕附近多有杨桃园之故。

而在猎德附近的冼村也是在宋朝开村的，但开村的人却并非姓冼，而是姓陈。最初这里叫“永泰乡陈公村”，到了明朝，陈氏族人由于风水原因迁离此地，而此时村中冼为最大姓，于是便改名“冼村”。在20世纪的“文革”时期，冼村曾经一度改名作红旗大队，后来又恢复“冼村”之名。

至于石牌村，在南宋时期因董氏族人最先在此定居而得名“董村”。到了明代，随着董村及附近的池氏族人择新地建屋，两族人的居住地连成一片，因新地区位于庙边岗，故双方商议后订立新村名，叫“庙边村”。及至明嘉靖年间，因村中石马、石龟等石器众多，而改名“石牌”。

猎德村亦极有意思，它开村自宋朝，历史达八百年之久，其原居民为粤北珠玑巷南迁的移民。村里又分东西猎德两村，皆因古时附近有猎德镇而得名。又有传，猎德村原名“永泰村”，时有一位姓猎的将军有恩于村民，为纪念将军而改名“猎德”。

从这些城中村的历史、故事当中，我们不难发现原来城中村就是广州自古是一个移民城市的身份的印证。当城中村古朴的一面渐渐离我们远去的时候，我们广州人的根又在何方呢？

城中有古村，条条有段古

前文再续，书接上一回。上篇讲到杨箕村、冼村和石牌的历史和故事，顺道又提了提猎德村，是篇继续介绍广州其他的几条城中村。

先讲林和村。林和村为何叫林和村呢？说起来有三种不同的说法：第一种，是说当年有一个外地来的姓林的婆婆在此定居，并且在这里种菜、种田，人们称其为“林婆”。后来，林婆所住的地方住户愈来愈多，渐成村落，众人便以首到之人林婆来命名此村，称之为“林婆村”，久而久之就变音成了“林和村”。第二种呢，说这里地势比较高，要到低处挑水上来淋禾苗，因此叫“淋禾村”，后来简化作“林和村”。第三种说法，说的是村落被树林、竹林所包围，得名“林和庄”，“林和”则是树林环绕之意，后来渐演变为“林和村”。

三元里呢，是由李氏族人所开辟的。族人祖先是唐朝大将军李晟，原籍甘肃。他的后人李长卿为躲避战乱，于南宋时期率族人从江西南迁至此。落脚之后，族人认为该处是一块福地，为祝愿后人在“天、地、人”的“三元”境界都能福寿绵长，而将村子命名为“三元”。说起这位开村的李长卿，也是位英雄人物。他曾是南宋水军的教头。在新会崖门的一次与元军水军的激战中，南宋水军全军覆没，李长卿战死。李长卿的夫人萧氏也是一位烈女，她后来在家里闻知这一噩耗，自杀身亡。

再说琶洲村，它建村于明代。琶洲原称琵琶洲，由于是一块形如琵琶琴的沙洲而得名，后简称琶洲。相传，古时琶洲之下压着一只由龙王三太子收复的老海鳌。老海鳌凭借残余之力，意欲将琶洲拖离大陆，以求脱身。一旦琶洲离开大陆，便会沉入水中，村民尽当丧命。幸得神人鲁班师傅指点，村民合力备置建材，鲁班又运用神力于一夜间建成海鳌塔一座，镇服妖物，方脱险情。该塔便是如今的琶洲塔。

至于康乐村，相传它的开村历史可上溯至魏晋南北朝时期。它的得名，则是和鼎鼎大名的文学家谢灵运有关。谢灵运因为被指控写反诗而获罪流放到现在的广州。他居住了仅仅一年左右，又被告以密谋准备逃逸的罪名而在广州被杀。因为他世袭父亲的“康乐县公”，为了纪念他，后人就将他流放期间曾居住的地方称作“康乐”。也有说，康乐此地是其当年被处死的地方。如今，中山大学南校区被称为“康乐园”，就是因为位处康乐村而得名。

而登峰村，它的历史就只有两百来年。当年有一户姓龚的先祖在白云山麓定居，后来逐渐有其他姓氏的族人迁入，达二十几个之多，聚居在下塘、横枝岗、塘帽岗一带。由于这里以前是广州人登高游览白云山的必经之地，所以有“登峰”之名。

其余一些城中村，也有各自的故事，容讲古佬下篇慢慢再叙。

小洲村，爱从何来

小洲村村民大规模拆改房屋的消息一传出，这条小村落又再次成为众人关注的焦点。我们痛惜小洲村古朴面貌的改变，高呼要好好保育古村落，但保育绝不能人云亦云，每个热爱小洲村的人，先要明白“爱从何来”，也就是其价值所在。

小洲，乃广州河南洲的一部分，为珠江河水冲积所形成的小沙洲，以其四面环水之势及优美风景而古称“瀛洲”。在瀛洲地面，最早于元朝，由邱、黄、梁、饶、林、钟六姓开村，于今村东面的华台山依山建屋，村名曰“西岗”。旧日有各姓氏的宗祠，而今已绝迹。时村庄仍未成规模，直至后来简氏族人的大规模迁入，形成了两大村民聚居地。简氏族人分作两支迁入此地：一支自明初迁入，聚居在东源大街附近，昔日建有祠堂“其慎堂”，后被毁，今已不复存在；一支于明代成化年间迁入，聚居在西约大街一带，建祠堂名“受经堂”，即如今简氏大宗祠。

及至清朝，广州一口通商。康熙二十四年（1685年），清政府于黄埔村酱园码头设立外国商船征收关税的黄埔挂号口，使小洲商业异常繁盛起来，如今的登瀛大街，就是当年的一条繁华的商业街，而附近的登瀛码头，就是当年过往船只的船员在中途上岸打尖的见证。

步入20世纪80年代，村民开始大量兴建新楼房，开辟瀛洲路西侧及村南北两端的住宅新区，令小洲村的面貌有了很大的改变，形成了新旧两片建筑群落。另一方面，小洲村优美的自然环境，亦吸引了一批艺术家聚集，形成瀛洲路以西的“艺术村”。

回看小洲村的历史，其实并不长久，如今保留下来的历史遗物，亦不见得有太多惊心动魄的沉淀。所以，我们审视其价值所在时，不能局限于村里一座两座的建筑，而应放眼于村的整体。小洲村正因为相对远离城区、偏处一方的独特地理位置，以致城市化的渗透不深，虽经历近几十年的改变，但历史风貌仍较广州的其他城中村保留得较完整，北帝诞、龙舟竞渡等传统民间习俗仍然在延续着。

无奈，人地矛盾古已有之。往时古人为人丁兴旺，开地拓村，才有如今小洲村古建筑规模；今日，村民欲增加收入，而地再无拓增之处，唯有拆屋而建新房。说到底，是人的生存发展的需要，本是无可厚非。但另一方面，古时无“文化保育”的概念，村貌发展纯粹由人的生存发展所主导；今人有此意识，当然就不能任其发展了。然而，意识进步的同时，人的生存问题尚未解决。保育小洲、劝止拆旧建新，似乎是大多身在小洲之外而热爱小洲的人的声音，作为渴望妥善保育小洲的一员，讲古佬自然亦这般希望。但爱小洲，就应该有大爱之心，小洲居民生存的呼唤，我们亦该听听。否则我们一厢情愿，而小洲居民心有不快，爱又从何来呢？

而发挥大爱，关键还是政府的做法。天下间哪有不付出，又想有收获的道理？假若政府亦承认小洲的历史价值，意欲打造好这块文化品牌的话，烦请踏实做好善后工作，须知道要沾文化的光，钱省不得！

北京路古今

全球著名财经媒体《福布斯》中文版公布的2010年中国内地商业城市排行榜，广州超越上海，位居榜首。这是一个令每一个广州人引以为傲的消息，故此，讲古佬决定写个“千年商都系列”，一连几集，谈谈广州的商业故事。

广州，作为一个千年商都，在南汉时期城内已经有成形的商业区，而可考证的海上贸易的历史更是早至汉朝。千年商都的称号，可谓实至名归！

一个商城，当然会有它的商业中心。若谈起广州现在的CBD（商务中心区），好多人第一时间会想到的是天河北。但天河北成为广州CBD也只是近十几年的事，要算最早而且历史最悠久的CBD，那应该是北京路。北京路的CBD地位，可以追溯到唐代，确实是一个老牌CBD。

北京路的北段，最早叫承宣直街，因为有座拱北楼连贯番山和禺山，而拱北楼下有两个门洞，故民间又称之为“双门底”，一直沿用至近代。双门底曾是广州城的中轴线，并且一直沿至清代。它自古就是商业高度汇集的大街，店铺林立。三国时，吴国交州刺史步骘扩大赵佗城，其南门在番、禺二山之间，中间为南至海边的大道，即今北京路中段。五代时梁贞明三年（917年），刘龑在岭南割据称帝，定都广州城，改名兴王府。他扩宽双门底两边道路，发展商业，路南直达今大南路附近。清朝顺治年以后，双门底的商业更为热闹，以售卖文房用品、书籍、印刻、古玩金石、成衣、杂货的零售店最为著名。这里的璧鱼堂、汲古堂等书店和曾宗周朱墨店、刘中山笔店，引得骚人墨客常常驻足。双门底周边的铺号，有的也已成为如今的名店老字号，例如创于万历年间的陈李济、乾隆年间的致美斋酱料店、咸丰年间的文房用品店三多轩，等等。

讲起双门底，还有一个“双门底卖猫”的古仔。说的是在晚清的时候，双门底有很多人卖古董、字画。有一次，一个文人正在摆卖自己画的老虎，谁知一个路过的“细路”来到档口前，大叫一声：“哗，咁大只猫！”一时引得全场大笑。从此，广州百姓就都用“双门底卖猫”一语代替了“画虎不成反类犬”的俗语。由此古仔可见双门底的影响力。

广州最早的花市也是在双门底，早在明朝的时候，每到岁晚，这一带卖花的就会成行成市。《羊城竹枝词》里写道：“双门花市走幢幢，满插箩筐大树秾。道是鼎湖山上采，一苞九个倒悬钟。”此道出了花市的盛况，而此盛况也渐渐演变为广州人岁晚“行花街”的风俗，直到今天，北京路仍是广州春节的迎春中心花市。

历史上，人们口中的“双门底”的正名也几经变迁。最初是承宣直街，到了清代，因为双门底的南段靠近永清门，故称永清街。辛亥革命后，因推翻了清王朝，便反其意，将整条街统称为永汉路，即将升级改造的永汉电影院就是证据。在20世纪20年代，国民党元老胡汉民主粤时，手下的人为了“托大脚”（拍马屁），将其易名为汉民路，他去世后，1945年复称永汉路。直到1966年“文化大革命”开始，将永汉路改为北京路，寓意广州人民拥护党中央、向往北京的意思，这个名字一直沿用至今。

时至今日，北京路的风采依然不减当年，是繁华的商业步行街，它正以一个全新的形象，延续着广州千年商都的历史。

◉即便面貌大不同，但北京路如今还是繁华依旧。（摄影：杨铖，拍摄时间：2009年3月27日）

北京路之“双门底”奇谈

北京路自唐朝起，一直是广州城的主要街道，到明朝时，已经逐渐成为市内最繁华的文化商业街了。此路北段最早称“承宣直街”，因有座拱北楼连贯“番山”和“禺山”，拱北楼下有两个门洞，百姓在门前聚居，故又称为“双门底”。

广州俗语称时期或时间为“牌”，如：前些日子称“前牌”或“先几牌”；“一牌”就是一段时间；“有牌等”就是要等很久；“嗰牌”就是那段时间……为什么呢？说起来是与双门底有关的。当年在拱北楼上，设有古代的计时器“铜壶滴漏”（本是七个铜壶的，现在仅存五个，陈列在“镇海楼”广州博物馆）。每到一个时辰，就在楼前挂出当个时辰的大牌子，很远都可以看到，这是官方的报时机构，全城都以此时间为准。清乾隆年间，诗人叶道泰在《广州百咏》中云：“买得玉鱼归未晚，双门才挂午时牌。”就指此事了。

清末《广州城坊志》中记载了一件发生在双门底的怪事。有一名船夫在河中摸得一块黑漆漆的东西，不知为何物，便拿到双门底卖。当地有个织布匠见此物光滑，心想用它磨布甚佳，便以五百钱买下，日日用此磨布，日久黑色渐褪，露出晶莹之色。有识者说：“此是圭也！”织布匠当为宝贝，掇于衣内，朝夕不离身。这织布匠原有麻风病的，自从佩戴此圭后，没再发作，以为此病自愈，没有想到是圭的功效。他到年老不能织布时，将圭卖掉，得了个好价钱，甚喜，但不久麻风病就发作了，始知数十年不发者，皆圭之功也！他后悔莫及，不久就去世了。

文德路寻古

说文德路是广州的广府文化核心区之一并不为过，因为它承载着一段上千年的广州的文明史。

“文德路”这个名字出现的时间并不长，说起来是1918年的事。当时开建马路，由于这条新开的马路位处古城门文明门附近，而于此门之东又有文德里，便借以命名新马路作文德路。但若追溯它背后的历史，就要从广州建城说起。公元前214年，任嚣主岭南，于番山、禺山一带建番禺城，番山所在就是如今的文德路旁的孙中山文献馆及市十三中的位置了。

今文德路一带，起初并无文化职能，而是岭南政治中心所在。按现在南越王宫苑遗址所在，我们可以推测当年南越国的南越王王宫大概就在此区域内，而在这更早的任嚣的官衙，即岭南地区作为一个行政区最早的行政机关，极大可能亦在此地附近。在距南越国千年之后的南汉王朝，帝君更将宫苑筑于番山之上。

文德路一带向文化核心的角色转变始自宋朝。宋庆历年中，朝廷敕令于今广州光塔路一带办广府学宫，后几经易址，于绍圣三年（1096年）迁至今市十三中之地。广府学宫时称“岭南第一儒林”。今尚留学宫内一番山亭，原名九思亭。九思者，为孔子“视思明，听思聪，色思温，貌思恭，言思忠，事思敬，疑思问，忿思难，见得思义”的君子九思之意。亭屡经兴毁，今已非原貌。其后，明洪武年间，今农讲所之地建番禺学宫。此时，文德路一带的书香味已甚浓。昔有明初“南国五子”在附近立南园诗舍，至嘉靖年间，又有“南园后五子”再结诗舍。至清朝，随着广州贡院在今文明路省博物馆之地兴建，以及粤秀书院、冠英家塾、邱氏书室（今万木草堂）等官办和私立书院的兴建，文德路一带便跃升成为广州城的文化教育中心区，一直延续到民国。

清朝末年取消科举之后，广州学堂兴起，其中就有教忠学堂，即今日市十三中前身，而各类学术团体亦汇集此地。在开马路之后诞生的文德路，借着文化中心区的传统地位，随即变成一条书画、文具之路。1929年，广州市政府就嗅到了文德路独具的墨香，于该处建市立中山图书馆，为今中山文献馆前身。

再纵观自宋至清，文德路一带处于广州古城中轴线东侧，清朝时，更与西侧书院街相呼应，中夹双门底（今北京路）的中心商业街，构成一个“文化→商业←文化”的和谐整体。这样看来，越秀区推出北京路至文德路的广府文化街区的打造计划，确实是值得每一位热爱文化的人痛饮一杯的举措。不过，还是要提一句，在操作时还是要多一份稳重和对历史的负责，绝不能以搞几个如此广场、那般中心的方式摆摆排场就算数，有实实在在的文化内涵才是必需的。

◉文德路孙中山文献馆的大院内有一长楼梯，低端有一高台，番山亭就位于高台之上。立于高台上，近在眼前的红色建筑，便是广州市第十三中的教学楼。（摄影：刘海峰，拍摄时间：2012年5月7日）

书院街难以愈合的伤疤

位于大小马站、流水井的古书院群，如今是广州旧城区内唯一尚存的古书院群。

要讲书院街的故事，就要先从大小马站和流水井的得名讲起。先说大马站和小马站，从字面上看，马站即古代的驿站，是古代传递官府文书和军事情报的人或来往官员途中食宿、换马的场所。但大小马站绝非驿站所在，因为驿站间通常是相隔几十里地的，不可能像大马站、小马站那么接近。另有两种说法，一种如《广州市地名志》所讲，可能因为宋代的时候有马军在此驻扎而得名。一种是广州民间的传说，说曾经有一队马军路经此地，刚好附近有贫苦人家在用虾膏（即咸虾酱）烹制食物，虾膏本是广府人研制的甚为惹味之物，食物的香气吸引了马军的注意，整队人马霎时驻足，仔细闻索以寻香气源头。因为首将军骑着高头大马，所以将军马匹所站位置，便得名“大马站”，为“大马站立的位置”之意。而队伍最后的骑兵，坐的是匹小马，则叫“小马站”。但到底哪种说法正确抑或另有他因，则至今是个谜。至于流水井，皆因此街在唐朝时有一流水井而得名，据讲，该井无论冬夏，未曾枯竭而长流水。

大小马站、流水井——这块有着独特的名字而又为广州人所熟悉的地方，曾经是一个规模巨大的书院群的所在。书院群的“一哥”就是当年的粤秀书院。粤秀书院于清代的康熙四十九年（1710年），由当时的广东总督赵洪灿、巡抚范时崇主持修建，是书院街的第一个书院，也是清代的四间省办书院之一，更是广州四大书院之一。而就在粤秀书院之后，大小马站一带陆续兴建了大大小小的书院，形成后来的书院街，鼎盛时期书院达到数百间之多。可惜的是，在20世纪30年代，粤秀书院因开辟新民路而被拆，只留下一条粤秀书院街。经历沧桑变幻，直到1999年，大马站、小马站连同流水井这处地方仍保留有十几间书院。2001年，为拓宽马路，位于大马站的平所书院、谢氏书院、赖氏书室、江都书室、三益书室和位于小马站的关家祠被拆。目前尚在的，就只有位于小马站的曾家祠、周家祠、见大书院和位于流水井的何家祠、考亭书院、冠英家塾。而当中的何家祠，即庐江书院算是目前广州唯一保存基本完整的纯粹书院建筑。

远的我们不说，且把历史暂搁在1999年，当年保留有十多间书院的书院街规模在全国也是罕见的。谁知一晃眼十多年后的今日，来个“水瓜打狗——唔见一大截”，仅余六间。当得闻被拆建筑将被复建，本应是件开心的事，但又怎样也笑不出来。事关当年仓促拆卸过程中已造成很多破坏，迁址复建又必定会破坏流水井原有古迹环境。看来，即使复建完成，留下的可能也只是一道永难愈合的历史伤疤。

高第与阿香的传说

从前，有条街上住着一位财主，他以“善人”自称，天天都煮一大镬粥端出门口，分给乞丐吃。负责分粥的是叫阿香的婢女，那群乞丐见她年轻，就趁机揩油，故意挨过去，搞到阿香连忙缩后，分又不是，不分又不是。有个叫高第的青年乞丐实在看不过眼，喝道：“人家好心分粥给我们，我们不能这样无礼，让我来分！”说完，接过舀子，一人一舀。阿香很感激，以后便把分粥的工作交给高第代劳了。

阿香见高第虽清瘦些，但不失英俊，尤其是有股正气，便渐生爱慕之心，每每将较好的食物暗塞给高第。那些乞丐见到又来取笑了，说她是“高第妻”。怎料这句戏言被财主听到，财主勃然大怒，说她败坏门风，把她活活打死。财主的母亲闻之，赶来制止，但已迟了。因阿香服侍得自己很好，死了她确实感到痛惜，于是便将一对金耳环暗放在阿香胸襟内，作为陪葬。

仵作抬着阿香的棺材到下塘山头，刚掘了几下地，忽见乌云密布，大雨将至，急忙丢下锄头，跑下山吃饭去了，放棺材在山上任由风雨扑打。

再说高第知道此事后，很伤心：“阿香是因我而被打死的，我要送她最后一程才是。”他打听到下葬的地方，连忙赶去下塘山头。那时大雨滂沱，高第也顾不得了，一见棺材就抢步上前，跪在地上，拍打着棺材，悲叫道：“阿香，是我连累了你呀……”咦？高第忽然听到棺材内有声响。“难道阿香未死？”他马上拾起锄头，把盖撬开，扶起阿香。

其实阿香并没有死，只是休克而已，因高第拍打，棺材震动，使阿香悠悠苏醒。她一见这情景，就知道是怎么回事了，哭着说：“高第，我是无家可归的人了，不如，不如我跟你一起生活吧！”说到这里不由得面红起来。高第摇头道："不成，我是个乞儿，自身难保，又怎能养妻活儿呢？再说了，我只有一间乞儿窝，也不是你住的地方。""不怕，我是捱惯苦的。"阿香因痛摸摸胸口，发现有对金耳环，知是老太太给她陪葬的，就说："高第，不如拿它作本钱，做些小买卖，我们有粥食粥，有饭食饭吧！"高第被她的真情实意所感动，于是背起阿香下山而去。

后来两人结为夫妻，开了个小摊档，因童叟无欺，生意越做越大，后来时来运转，居然成了富翁。那财主死后，家道败落，高第买下他的大屋，并在此街买了很多房子，分给无屋的穷人住。后人为纪念他，就将此街称作高第街。

高第街的得名

2011年，广州市规划局大发慈悲，决定留高第街一个活口，不拆了。拍手之余，讲古佬随即决定讲讲它的故事庆贺一番。

关于高第街的来历，存在多种说法。有一种是说其建于宋代，当时濒临珠江，附近建有市舶亭，街中为富商聚居之地，多为高门宅第，因而得名。不过，讲古佬今日要讲的，却是一个与高中及第有关的版本。

话说，清代有一位林召棠，是广东吴川县人，曾居于广州城一深巷之中，一边读书，一边做教馆先生帮补生计。时于巷头，有一小食档，老板是召棠乡里，叫林老昌。召棠每次出外教书，经过食档，总会帮衬一碗猪杂粥。后来，于道光三年（1823年）召棠高中了状元，衣锦荣归。林召棠再临小店，却只要再尝一碗当年的猪杂粥。他手捧粥碗，匙羹一搅，百感交集，忽然哈哈大笑："昌叔，难怪我会高中状元啦，你看这粥，里头的肉丸可以代表状元，猪润（猪肝）可以代表探花，猪粉肠可以代表榜眼，这一碗就可以称为状元及第粥啦！"从此省城美食，便多了一味及第粥。食粥既罢，召棠欣然为粥店题牌匾，写下"昌记弜店"四个大字。林老昌的食档，幸得状元为粥命名，亲笔题匾，自然吸引四方食客前来帮衬，一时门庭若市。但食客很快就发现，牌匾上的"粥"字竟无"米"，状元公写错字的消息自此不胫而走。

有一日，林召棠又路经食档，林老昌再也忍不住了，开口请求状元公将错字更正。殊不知，林召棠哈哈大笑："昌叔，难道我不知'粥'字中间有'米'！我是特意不写其中的'米'字的，正因为我不写，你米缸的米才这么多，若我写了，你米缸的米就跟着变少的了。"林老昌方恍然大悟。原来，林召棠此举，皆因古人避讳之故。再者，"米"在粤语中又代指钱财。不写米，无非就是求“更有米”啦。状元公借题匾，祝愿林老昌发达，以报答其多年照顾，可谓用心良苦。正是“十年寒窗无人问，一举成名天下知”，出了一位状元公、一味及第粥、一块无“米”匾，这条巷仔从此“响朵”，人人都称之为“高第街”。

高第街确实是一块出名人的福地，明代的岭南大画家李子长曾长居于此，清代第一大盐商许拜更在此定居并衍生出一代代的许氏名人：清代广州名绅许祥光、民国粤军总司令许崇智、红军将领许卓、教育家许崇清、鲁迅先生的夫人许广平，等等。

一条高第街，历经几百年的沧桑变幻，曾经那般灿烂辉煌，却在城市现代化的一次“洗礼”面前显得如此软弱无力。如今，阵痛散却、阴霾散尽，她总算有了重生的机会。但愿我们的高第街，高第再高第，一朝高第再度闻名！

◎近年传出高第街要拆迁的消息，后政府取消计划，相中画面几成记忆。（摄影：杨钺，拍摄时间：2009年3月27日）

高第街名人录

高第街在古代广州充当的是商品集散地的角色，其以商业出名而后有名人落户。

讲到高第街，老友记们第一时间想到的名人，大概会是许氏族人吧。然而，高第街本来就因高门富邸林立而得名，在许氏族人落脚前，此处已有名人的足迹。最有代表性的就是李子长，他是明朝岭南的大画家，在民间更被传得神乎其神。有传子长早期以卖鱼为生，得一仙人名为李大仙者赠仙丹一粒，能使死鱼翻生。子长因而以低价购死鱼，含丹于口，啜水喷鱼而活之，大收赚获。后一同行眼红其生意，尾随跟踪，窥得秘密，猛然入内，欲抢仙丹，情急之下，子长不慎吞服腹中。后丹药再无复生之效，子长自此转卖字画维生，却是拮据度日。忽一日，子长深夜画《月光图》，墨干而聊以唾沫润之，遂继作画，见所绘月亮竟发出耀眼光辉，盈缺依天上月亮变化规律，幡然醒觉腹中丹药仍起作用。此事为广州民间传言，子长画作瞬间成豪门官宦争相追逐之物，宁倾囊亦要求得。成名后，子长就曾居于高第街内。后来，清朝名宦林则徐亦曾居此地。其为杜绝鸦片对国人危害，毅然销烟于虎门。无奈，道光皇帝责其举掀两国战争，罢之。其间，林则徐居于高第街，仍不忘边防，组织广州百姓于长堤联防巡逻，以御英人侵犯。后闻得关天培、麦延章抗敌殉国，林则徐于高第街居所中慨然书写对联："六载固金汤，问何人忽坏长城，孤注空教躬尽瘁；双忠同堪凛，闻异类亦钦伟节，归魂相送面如生。"除此之外，还有很多名人曾居于高第街。

高第街好“难”

民国期间，广州流传一段民间笑话，说有个乡下人到过广州，同村人问他在省城有什么见闻，他说：“行过高第街好难，行过濠畔街又是好难，大钟楼打到‘呼令泵林’，泰康路好‘惨’呀，黄包车猛咁拉人！”大家一听，哗！以为省城是兵荒马乱，非常恐怖。

其实，“高第街好‘难’，濠畔街又是好‘难’”，并不是说“好难”而是说“好鞋”。因为繁体字的“难”字“難”，同这“鞋”字有点相似，这个乡下人“识错字胆”，怪不得他说“好难”了。大钟楼报时，是有一阵响声的，他说打到“呼令泵林”；“泰康路竹篸（簸篸）”，是很有名的，但不是悲惨那个“惨”，而是竹篸那个“篸”；黄包车当然是拉载客人啦，不拉人，车夫吃什么呀？

话又说回来，以前高第街不是专卖“好鞋”的，那时做的鞋的质量很差，以致流传着一首民谣：“高第街鞋，高第街着，出咗（了）高第街，当堂打赤脚（光脚）。”这就可知差成什么样了。

不吉祥的“吉”字

本来“吉”字，是吉祥、吉庆、吉利的意思，但广州话中的“吉”字呢，还有相反的用意，是指白做（干）、落空、无料到。正如俗语所讲：“混吉”，“十只指头磨到掘（秃），捞来捞去得个吉”。为什么呢？说起来，是与高第街有关。原来，从前高第街有间杂货铺，专卖油盐酱醋之类，因生意不好，老板就想了个办法，凡是来帮衬的，可以执筹，即是现代所说的抽奖，执到的那张纸筹写什么，就奖什么。当然，得奖的人少之又少啦，如果个个都得奖，这间铺岂不是要执笠（倒闭）？故大多数顾客执到的都是空白筹。老板为了使顾客不失望，取个好意头，于是在空白筹上写个“吉”字。怎知个个打开纸筹一看：“呸，得个吉！”“又来混吉！”“吉”即是无料到，个个顾客一甩手就丢掉，弃到店铺门口，吉吉吉吉吉……满地都是“吉”字。这事一下就传开了，故广州人认为“吉”字又有落空、失望的意思，就是这么来的了。

中山五路有“鸡林”

老广州都会知道，如今中山五路与解放路交界的地方，即省文史馆附近拐角处，以前是叫做“鸡林”的。但在广州从古至今的地图上都找不到这个名称，这个古怪的地名究竟是怎样来的呢？说起来是有一段“古仔”的。

在民国年间，现在的解放路那时叫四牌楼，也有人叫它中华路，中山五路那时叫惠爱街。

四牌楼和惠爱街交界之处，从前有许多专门卖鸡的店铺，同行竞争激烈，店主们常把一些“大种鸡（外来引进、体形肥大的鸡种）”用笼子装着，放在店门口招徕客人。

且说，其中有一位叫林秉的店主，人人叫他做“卖鸡林”，简称“鸡林”，他铺子的名字也叫“鸡林”。铺子生意平淡，他便日夜冥思苦想：“怎样才能打响我铺子的招牌，让更多人来帮衬（光顾）呢？”有一天，他站在店门口，又在想着这个问题。忽然，一辆公共汽车从他面前经过，在前面不远的地方停站。林秉灵机一动，一拍脑袋说：“啊！我不如这样这样，那岂不是好！”

各位老友记，他想的这个办法实在是好，你猜他是怎样呢？他找到这家公共汽车公司的老板。以前的公共汽车，不像现在管理得这么有秩序、严谨，那时公共汽车公司大都是私人开的。只要你有点钱，买几辆车，请几个司机、蛇仔（过去广州人对乘务员的称呼），按一定线路运行，你就可以做公共汽车公司老板。林秉找到那老板，送一大笔钱给他，只请对方答应一个小小的要求：把车站移到自己鸡店门口，报站时报自己店铺名称“鸡林”就得了。对于公共汽车公司老板来说，这简直是举手之劳，而且还有一笔钱进账，何乐而不为？

于是那老板就爽快答应了林秉的请求。

从此之后，这一线路的公共汽车一到“鸡林”门口就停站，“蛇仔”就大喊：“到‘鸡林’的落车！”林秉还特意做了一面大旗，写着“鸡林”二字，竖在铺前当眼处。这一招果然灵验，林秉的铺子变得生意兴隆，而“鸡林”自此声名大噪，居然成了广州一个地方的代号。

抗日战争时期，卖鸡铺“鸡林”已不复存在了，但时至今日，我们还能听到老一辈的广州人叫那地方做“鸡林”。

◉谁又估到，如今解放北路与中山五路交界处就是当年竟是成行成市的买鸡档。（摄影：彭嘉志，拍摄时间：2009年9月8日）

抬轿佬与仰忠街

从前广州南关附近，有位青年叫陈仰忠，他单身汉一个，以抬轿为生，虽穷，但性格豪爽，很有义气。一天，陈仰忠与胡须九抬着空轿到天字码头兜揽生意，忽然听见有人叫救命，抬头一看，只见有几个贼将一个汉子打倒在地，抢他的包袱。陈仰忠大怒，抢步上前打走小贼，把汉子救了。汉子哭道：“我是来省城买货的，现在连回去的路费也没有了！”说着便要往珠江里跳。陈仰忠一手将他拉住：“难道你的命这样不值钱？我替你想办法！”他把身上的钱全掏出来，又问胡须九借，把两人的钱全给了汉子，汉子正要感谢时，陈仰忠已和胡须九抬轿走远了。

汉子于是打听恩人的名字，街坊告诉他是陈仰忠，他便记下了。回乡后他生意顺利、财运亨通，成了富翁。为了报恩，他曾几次派人到羊城访寻陈仰忠，不知怎的，总是找不着。后来因身体不好，图个清静，他在湖北黄梅寺出家，法号叫了恩。

多年来，了恩始终不忘陈仰忠的大恩，暗中将几埕黄金埋在后园，准备找到陈仰忠时，作为酬谢。恐被人发现，他在埕上放一铜牌，刻着：“天赐陈仰忠之财，他人不得乱取，违者五雷轰顶。了恩。”不幸不久后他突患急病去世，而那几埕金也就默默地睡在地下，无人知晓。

若干年后，几个和尚掘地建屋，发现了这些金子，众僧喜道：“好呀，我们正要建大雄宝殿，正愁没钱！”但有人说：“不行，铜牌上了恩先师写着，是陈仰忠之财呀！”“陈仰忠是谁呢？”住持老和尚忆起道：“了恩生前曾对我说过，他当年羊城遇凶，幸得陈仰忠救命，这金子定是他报答陈仰忠用的了。这样吧，我们找到陈仰忠，请他布施些给我们，这就三全其美了。”

于是，住持派几个和尚到羊城寻访。凑巧听见一间屋内有人呼叫陈仰忠，一问知是轿夫陈仰忠，忙说："请陈施主捐赠建大雄宝殿。"陈仰忠以为他们一定是疯了，于是开玩笑地说："得，我素来大方！"并在香油簿上大笔一挥："陈仰忠捐大雄宝殿一座！"写完哈哈大笑，但和尚却一本正经地合十道："多谢施主！"

回寺后，众僧就用这些黄金来建了大雄宝殿，剩下的送回给陈仰忠。陈仰忠惊得目瞪口呆，追问下才知自己好人遇好报。陈仰忠用这些金子买下一条街的房屋，分给没屋的穷人居住，后人为了纪念他，将此街称为仰忠街。

相公巷的传说

过去广州曾流传着一副对联：玉子卖麻，担杆挑出新桥市；相公高第，金花插遍状元坊。

此联用“挑出”和“插遍”，巧妙地将八个地名串联起来。其中“相公”是指广州大新路附近的相公巷，说起来真的与一位舍己为人的相公有关呢。

明朝末年，这里住着一位书生，姓吴名八。他心地善良，热心助人，深得街坊喜爱。虽然他屡考不第，没有功名，但大家从没有小看他，反而很尊敬地称他为“吴相公”。

一晚，吴相公读书读到深夜，觉得很疲倦，于是走到屋外休息一会儿。突然，他看到巷口有三个人影，鬼鬼祟祟地把一包东西丢入巷口的水井内，低声狞笑道：“哼，这次看他还不死！”“嘿嘿，有这么多人陪他一起死，他也死得开心了吧。”吴相公越听越觉得不对头，马上跑上前去，大喝一声：“喂，你们干什么？”那几个人影一见有人来，马上溜得无影无踪。吴相公追不上他们，只好返回来，心想：“看来他们是与本街某位街坊有过节，投毒落井来害他。可这井是公用的，这岂不是累及众人？不行，我要守着这口井，不能让村里人误饮了毒井水。”

就这样，吴相公整夜没离开过井边。直到天亮了，有人挑桶来打水，吴相公就制止他，并将昨晚发生的事告知。这时来打水的人渐渐多了，吴相公把昨晚的事告诉大家。有人不相信，还问：“吴相公，你是不是见到鬼呀？”“你一定是看错了吧？我们全家都等着水做饭吃呢！”

吴相公没办法，眼见大家都不相信他，纷纷急着要打水回家。他咬咬牙，说：“这样吧，我先喝一碗井水，如果没事，你们就放心用。如果我有什么不妥，你们千万不要再喝。”于是他打了一桶水上来，喝了一碗下去，边喝边说：“没事就好，没事就好了。”谁知，一碗水没喝完，他就腹痛难忍，一下倒在地上，七窍流血，晕死过去。

“吴相公，吴相公……”人们惊叫着，竭力抢救，但是回天无术。众街坊追悔莫及，只好含泪将他厚葬，并建了一座小庙来供奉他，并把他住的小巷改名为“吴相公巷”，后来便简称为“相公巷”。

金花庙

清朝时，一位南海知县的妻子难产，知县急得像热锅上的蚂蚁，他梦见一位神人对他说："只要你找得金花女，就能保佑太太平安顺产了。"知县醒来，救妻心切，马上命两位官差速寻金花来。

官差找到大佛寺附近，才找到金花姑娘，不由分说，又拉又扯把她带到衙门。说来凑巧，这边说："金花姑娘带到！"话音刚落，那边接生婆报道："恭喜大老爷，夫人产下孩儿！"知县认为全靠金花姑娘到来，才保得他老婆平安顺产的，笑口吟吟地招待了金花姑娘，临走时还送一份厚礼和红包作谢。此事越传越神，金花姑娘被说成是神仙转世，到凡间专替人保子。很多产妇临产时，必请金花姑娘到家坐一下，少不得给个红包。

光阴似箭，金花姑娘渐渐长大了，却因为到处传她是神的化身，小伙子不敢找她做对象，媒人也不敢向她提亲，而父亲当她是摇钱树，日日逼她去做"保子"工作。金花姑娘伤心极了，感到人生没有乐趣，就在一个月暗星稀的晚上投湖自尽了。金花姑娘死后，街坊集资建了一间"金花庙"来纪念她。塑像前的神牌上写着"金花保子惠福夫人"，并把她"升仙"的日子农历四月十七定为"金花诞"。金花庙建成后，香火十分鼎盛，很多人在妻子怀孕时，前来求神保佑，生了小孩后，就携着酸姜、红鸡蛋来"还神"。

因金花庙香火好，于是有人在现今广州西华路建金花庙，又有人在广州河南建一间，广州有两条金花街就是由此而来了。民国初年开马路时，将小市街和大市街连起来，在"金花保子惠福夫人"的神号中取了"惠福"二字作路名，并把金花姑娘自尽的湖称为"仙湖"（即现今"仙湖街"）。

◎广州的河南、河北以前各有一条金花街，于河南者，在今堑口附近连街带名俱消失，图为位于河北西华路的金花街，其街名尚在，然庙不复在。（摄影：彭嘉志，拍摄时间：2009年9月8日）

伦文叙与“朱义盛”

在广州人民南路与天成路之间，太平桥对面，有一条街叫做“状元坊”。说起状元坊，还与广东一位有名的状元伦文叙有关哩！

传说在明代，状元坊叫青云坊，这条街虽不长不短，但店铺林立，卖金银首饰的，造檀香扇鹅毛扇的，制戏服的，绣花的，一铺紧挨一铺，顾客熙攘往来。

且说青云坊内，有一间“朱义盛”首饰店。老板朱义盛原来是广州四牌楼一间首饰铺中打金饰的匠人，他觉得寄人篱下终非长久之计，当他略有积蓄之后，便在青云坊内开了间金饰店。朱义盛经商老实，童叟无欺，生意越做越旺，几年间赚了不少钱，便大兴土木，将原铺面加以扩建。

新铺落成了，朱义盛便找到一个叫做先知子的择日先生，准备择个黄道吉日开张。

话说这个先知子，祖传三代都是与人择日营生，听说凡按先知子择日行事的，无不大吉大利，因此远近闻名。

朱义盛找到先知子说明来意后，先知子屈指一算，用一张红纸批道：“正月十三日午时开张。”

朱义盛连声道谢，付了酬金，高高兴兴拿了择日纸回店。邻居有个姓洪的老伯，他看了这择日纸后，揭开皇历书查对，然后对朱义盛说：“朱老板，正月十三是三煞日，午时又是三煞时，三煞撞三煞，一世无得发；又遇闭日，诸事不宜。自古有道，撞着煞星，破财损丁，其实先知子是想害你的。”

朱义盛听后半信半疑。因为这洪老伯平时对择日此道虽不算很内行，但也有些一知半解，况且今天还说得有点道理呢！

朱义盛只好又带上这张红纸，找到先知子问个底细，谁知先知子大怒道：“你们真是一知半解，我三代择日，哪有择错之理？本想不泄露天机，见你疑疑惑惑，就讲两句给你听吧：‘三煞日，三煞时，又逢闭日是大忌’，我岂不知？但用得其法，大凶可以化为大吉，到时有文曲星相助，冲散煞星，贵店就会生意兴隆，历千百年不衰，你放心吧！”

朱义盛返回铺中，将先知子的话对众人讲了，但洪老伯直摇头，并说：“朱老板，千万不要这样做，照此日开张，是要死一个伙计的，看看谁运气不好吧！”说得伙计们人心惶惶，但朱义盛不理众议，决定按日开张。

正月十三那天，亲友都来了。午时将到，忽然阴风阵阵，吹得大家头昏眼花，毛骨悚然，连朱义盛也暗暗着急，文曲星何时才到？没办法，事到如今，只好硬撑下去。

午时一到，朱义盛吩咐大开店门，一面烧起一丈长炮仗，一面叫两个伙计挂起黑底金字、参花被披红的大木招牌。

招牌不过三十多斤，两个伙计抬得龇牙咧嘴，好像有千斤重，使尽吃奶之力也举不起来。后来，又再增加三个人，仍举不起。抬招牌的五个伙计，个个都头昏眼花，面青气喘。众人见状，都大惊失色，感到大祸临头。

朱义盛心想糟了，深悔不听洪老伯之言。但炮仗已烧过，如果此时关门的话会招别人笑话。往后的生意，就更不用想了。正在进退两难时，忽然有个十七八岁的后生走入店来，说：“老板，你店铺新开张，让我先来光顾，打个银牌要多少钱呀？”

说来奇怪，这后生哥刚一入店，阴风便呼呼由铺中冲出，夹着几只鬼怪四散奔逃。头昏眼花的伙计及客人立刻精神大振，那块大木招牌也轻易地就挂上去了。

朱义盛又惊又喜，心想，定是文曲星到了，便问那后生哥的姓名，后生哥说：“我叫伦文叙。”“啊，莫非你是当年在光孝震惊巡抚大人的那位？”“正是小子。”朱义盛久闻伦文叙神童之名，这次又喜逢他的到来，才冲散煞星，便将伦文叙待为上宾，并送几块银牌和金器给他带走。

后来，伦文叙中了状元，由于他与青云坊“朱义盛”有过这段奇特的际遇，后人便将“青云坊”改为“状元坊”，这街名一直沿用到今天。

人民路史话

人民南得以成片保护的消息，确实令人欣喜。但其活化，切莫过喜以致想法太大脱离实际。目前的活化方向，确实有甚多值得商榷之处。我们不妨回顾一下，就由人民南的商业发展历史讲起吧。

人民南一带，清代时是广州西城门外的城外临江贸易区。如今人民路好大一部分就是当年城墙所在的位置。因康熙年间，广州为中国唯一的对外通商口岸，人民南一带以其得天独厚的地利优势而兴旺起来。随着民国拆城墙、修长堤、开马路，人民南路的前身——太平南路出现了。这时太平南一带，南有沟通广州城区以至省内各地的航运枢纽西濠口码头和长堤马路，西临老西关商业区。这一突出的区位优势，使其成为发展商业的重地。随着新式大厦的兴建和大公司的进驻，那种高楼耸立、车水马龙的繁华景象，俨然就是当年广州的中环。

论及往日的风光历史，总是令人倍感自豪。但讲古佬在此刻又一次要泼一回冷水，须知道：对风光历史的善意恢复，有时却会带来弄巧成拙般的摧毁效应。街区活化，假若脱离了该区发展的传统模式和区域现今的生态状况，将会引发一系列难以补救的问题。

所谓传统模式，不妨在人民南一带的街道中找寻答案。诸如什么故衣街、桨栏街、一德路、十三行路，都出现在清朝至民国这段时间，以前皆为各有所专的市集。故衣街，出售二手旧衫及宫装御服；桨栏街，出售船只的桨扒器物，栏，即批发市集；一德路，出售海味咸杂；十三行，为洋行商行集聚之地。时至今日，其中有些从事的商业项目没多大改变，如一德路；有些就由一个专业方向变成另一个专业方向，如十三行今已变成一个服装批发中心。然而，相当一致的是，它们至今还是各有所专。至于生态现状，就是一个街区内部目前的建筑布局、商业环境、居住情况、交通配套等因素以及街区与外围的联系、在整个市区的既有定位所构成的一个整体状况。人民南在其中凸显的是旧建筑多而欠缺维护、交通负担繁重、成衣批发旺盛和人流密集几方面。

人民南街区的活化，要根据其区内专业市场分区存在的既有商业发展模式和生态状况中的种种问题，理性实行。抛开传统发展模式，一时冲动，头脑发热，将人民南变成我们想象出来的清一色步行街，出来的绝非是清朝、民国时的老面孔。即使《人民南路历史文化区保护规划》中“复兴传统商业街区商业功能”这一条，在操作上真按当年卖桨、设洋行那般布局，也是脱离实际的不可行的事。立足生态状况，则要考虑到进行活化时，如何解决因打造传统商业功能而搬迁的商户的生计问题，随后进驻的传统商业能否与该区融合并健康成长的问题，还有交通、其他配置、居民生活……“复兴传统商业街区商业功能”这话，“恁头”太大，讲得容易，做起来难、难、难啊！

所以，既然有心做街区保育，不如脚踏实地，先将旧建筑好好修复，为使用者订立一套旧建筑使用的细则并切实规管，好好地将十三行对出路段那种人车抢道的混乱交通局面有效整治一下。到其时，古建筑、新商业、好秩序，多好啊！保育，用的是公帑，就要做到建筑真正受到保护，市民心情又舒畅才得。好大喜功，劳民伤财，借“保护”之名，做浮夸之举，唔要得！

晏公街的传说

广州人民南路有条很宽的大街，叫晏公街。晏公是何许人也？相传很久以前，有个放牛娃叫晏成仔，有次放牛，来到一座山上，见两位道人坐在松树下弈棋。成仔很喜欢棋艺，看到入神，连牛也不顾。当棋终后，成仔寻牛不见，急得大哭起来。一道人安慰他，向山谷长啸一声，众牛闻声跑回来。成仔大喜，连声道谢。道人说："我教你叱牛成石之法，以后你就可以安心看棋了，看完棋后，又可叱石变回牛。"成仔很高兴地学会了此仙术。

翌早，成仔把牛群赶到山上，待它们吃饱草后，一喝仙咒，牛马上变成了一块块的石头，不动了，成仔便安心学棋。到中午吃饭时，棋仍未弈完，两道人拿仙桃来吃，分一个给他。成仔吃完后，竟觉身轻如燕，后拜两道人为师，修炼成仙，天帝封他为河神，人称晏公。

朱元璋率兵反元时，有一次船行至一大江中，忽遇狂风大作，白浪滔天，随时会将船打翻。朱元璋大惊失色："莫非天亡我也！"正危急之际，忽见有个穿红袍的人踏浪飞来，迅速将船拉到沙滩上，避过覆船之灾。朱元璋大喜道："请问救我者是谁人啊？"只隐约听见远处回音："晏公是也！"转眼，人影就不见了。

朱元璋平定天下当了明朝开国皇帝后，大修水利，造福于民。江南有条河堤常崩溃，刚修好又崩，众人一筹莫展。忽见一老渔翁过来道："河内有条猪婆龙作孽，要用烧猪钓之。"众人照办，钓杀之后，工程顺利进行。众人很感激地问其姓名，老渔翁笑道："老朽姓晏。"说完，化作清风而去，众人啧啧称奇。

工程竣工后，地方官把此事奏知皇上，朱元璋忽然想起往事，叹道："是呀，救朕于覆舟之际就是他了！”遂封晏公为都督大元帅，命天下建庙祭祀。故广州珠江边有间晏公庙，后称其街为晏公街。

到了清朝，晏公街成了商业文化街，商行会馆林立，著名的有“武林会馆”，但此“武林”不是指武术界中人，而是杭州古称“武林”，在广州经商的杭州人士云集于此。会馆内有戏台，上挂名联：

一阕荔枝香，听玉笛吹来，传遍南海；

双声杨柳曲，问金樽把处，忆否西湖？

洞神坊的由来

广州龙津东路，有条街叫洞神坊，说来其得名还与一个尚未出世的胎儿有关哩！

相传清朝时，广州有位书生叫刘秀，有天与怀孕的妻子回娘家探亲，回来的路上忽遇大雨，两人匆匆跑到一间古庙门口躲避，怎知雷声隆隆，在他们头上响着。夫妻俩慌了，自问没做过半点亏心事，为何会触怒神灵呢？这时，孕妇腹内的胎儿动起来了，所蹬的位置正紧靠孕妇手中挽着的一包母亲所送的咸鸭蛋！刘秀正惊疑时，无意中一望门匾，写着“康王庙”三个大字，顿时明白了。

原来宋朝时，康王被金兵追赶，慌忙中跑入一间古庙，见有匹马，不管三七二十一，跳上马背就走。刚跑过一条河，康王惊魂稍定，一看此马，咦，为什么是泥马呢？怎知此马仙气未足，被人一语道破，马上化回一堆泥土。康王后悔不已，又望见金兵已追到对岸，大惊：“糟了，对岸泥泞地上留下了马蹄印，如敌兵发现必定追过河来，怎么办呢？”正在危急之际，忽然有群鸭子走来，把马蹄印全部踩没了。金兵见没有踪迹，以为康王没过河，就沿着岸边追去，康王才逃过一劫。从此之后，康王把鸭子当作是自己的救命恩人，终生不吃鸭，甚至连鸭蛋也不吃。后来康王化为神，百姓建庙祭他，供品中当然没有鸭，甚至吃了鸭或吃了鸭蛋的人也不能从庙前经过，否则必有灾殃。现胎儿作动提醒了孕妇，这包鸭蛋是康王的大忌呀！刘秀连忙将鸭蛋丢到老远老远，说也奇怪，雷声马上停止了。

两夫妇回到家中，不久产下孩子，因这个孩子未出生时就懂得神意，故取名叫“懂神”。

刘懂神自幼聪颖过人，加上勤奋好学，21岁就中了进士，但他见官场黑暗，便无意仕途，返广州拜一名老郎中为师，以后就悬壶济世，救活了不少人，对贫者还施医赠药，大做善事，很得百姓赞许，说他不仅是“懂神”，简直是上天派来的活神仙哩！

刘懂神去世后，人们为了纪念他，将他所住的那条街叫懂神坊，因“懂”字和“洞”字谐音，“洞”字是“洞悉”之意，更觉文雅，“洞神”亦是洞天福地之神的意思，渐渐人们就叫为“洞神坊”了。

◉洞神坊位于龙津东路荣华茶楼对面，此街至今仍保留古老的石板路。（摄影：彭嘉志，拍摄时间：2009年4月5日）

基立村之“劏人细路”

话说清朝末年，有位基督教信徒，名叫刘月东。他是旅美华侨，家道富有，归国后，在广州河南买了一块地，建了一座教堂，并建了很多房子，租给教徒居住。但这村子定什么名好呢？众人搜肠刮肚，都想不出好的名字。还是刘月东学识广，他在圣经中找到“基立”二字定名，大家一致叫好，此名一直沿用至今。

当时为了保持村内的严谨和幽静，规定只供基督教徒居住，后来村民多出国或迁居，变成房多人少，规定只好放宽，可由熟人介绍，允许非教徒入住，但约法三章：一不准在村内烧香拜神；二不准放鞭炮；三不准高声喧闹。

最初基立村内，还设有一间幼稚园和一间善堂，大做善事，深得政府和教会的赞赏，吸引了各界名流和外国人士来参观，基立村可谓名噪一时。

且讲有一年，基立教堂新来了一位美国青年牧师，他一心想发展新教徒。来到一个新地方，他想如何才能和当地居民亲近呢？一天，他看见一群小孩在村口玩耍，灵机一动：“何不先接近小孩，再通过小孩接近家长呢？”主意打定，马上回教堂，装了一袋糖果，对玩得高兴的小孩道：“细路，我是欢喜‘劏人’的！”

众小孩一惊，个个眼睛定定望着这位“老番”，牧师欢喜了，又叫道：“我是最欢喜‘劏人’细路的！”边说边伸手入裤袋中掏糖果。哗，这个动作不得了呀！众小孩以为他掏刀子杀人，吓得魂飞魄散，“妈呀！”拔腿飞奔。牧师叫道：“别跑，别跑！”怎知小孩跑得更快，一溜烟跑得无影无踪。

牧师大惑不解，耸耸肩双手一摊，无可奈何地返回教堂。

后来，他将此事告诉一位教师，那教师听完后哈哈大笑起来：“牧师，这回你闯祸了！”“怎么？”“你本来是好心，可惜发音不准，把‘唐人’说成‘劏人’！‘劏人’在广州话里是宰杀人的意思，他们不跑才怪呢！”“啊——”牧师真是啼笑皆非。

史巷的由来

广州仓边路，有一条小巷名叫史巷，说起来，是与曾轰动羊城一时的血案有关。

清朝嘉庆年间一个月黑风高的晚上，富商吴贵半夜起床小便，“咦，为什么屋内有异响呢？”点灯一照，啊！只见一个蒙面大汉翻箱倒柜，正把贵重东西往袋里塞。吴贵惊叫一声：“有人偷东西呀！”蒙面贼见被人发现，就一刀将吴贵刺死，又将他的一双儿女和一个婢女杀掉，背着财物匆匆离去。由于吴贵屋大房多，他妻子戴氏独睡在别的房间，而且她睡得很熟，对当晚发生的事全不知觉。翌早起床时，见丈夫、儿女等死在血泊中，惨叫一声，晕倒过去，邻里闻声赶来，七手八脚把她救醒，并扶她到番禺县衙报案。

知县龚鲲是个又有偏见又固执的人，想道：“为什么全家都被杀，唯独戴氏没死呢？”他见戴氏衣着光鲜，又有几分姿色，认定是戴氏勾结奸夫谋财害命，便问：“你家平时有什么男客常来呀？”戴氏不知就里，便说出五个人的名字。龚鲲立即命官差带他们上公堂，只见一青年生得白净靓仔，就认定他是奸夫，喝问：“你们奸夫淫妇如何合谋劫财害命？”二人大呼冤枉，龚鲲竟下酷刑，可怜他们受刑不过，被屈打成招。

当时，县衙有位师爷叫史国光，是龚鲲的同乡好友，为人正直，精明能干，很得龚鲲信任。他见龚鲲办此案主观武断，便对他说：“如果戴氏与奸夫同谋，为什么不一齐逃跑，却留下来受皮肉之苦呢？”龚鲲道：“这正是假象，用以瞒骗众人。”“俗语有说‘虎毒不伤儿’，为何连自己儿女都杀？”“这很难说，有些人就是这样狠毒。”龚鲲不顾史国光再三劝阻，宣判戴氏和那青年死刑。史国光一怒之下拍案而起，提出辞职，以示抗议！

龚鲲一向知史国光的为人，如无充分理由，不会当众丢自己的颜面，于是马上请他留步，宣布改日判决，并请他全权勘查此案。

史国光亲到现场，见凶手留下的手脚血印很粗大，便细心描绘下来，出高花红悬赏通缉凶手。不久，那凶手被酒肉朋友出卖了，被捕归案，对照血印，完全吻合。铁证如山，无法抵赖，只好招供。此案大白，凶手被判极刑，戴氏和那男青年无罪释放。

龚鲲深感惭愧，连声向史国光道谢。史国光坚持正义、办事精明耿直，深得百姓的称颂，为了纪念他，人们就将他住过的小巷称为史巷。

百岁秀才百岁坊

在广州中山四路大塘街内，有条狭窄的小巷叫“百岁坊”，说来还有段辛酸故事。

且讲清朝康熙末年，有个穷书生叫王健寒，他勤奋好学，饱读经书。为了糊口，就在本街开了间“卜卜斋”（私塾）教学童念书。他尽职尽责、诲人不倦，经他教出来的学生，很多都中了举。

各位老友记，古代的读书人苦守寒窗、铁砚磨穿，就是为求取功名，而求功名的唯一途径，就是参加科举考试，王健寒也不例外。但他屡次考试，总是名落孙山，由黑发考到白头，仍是一介布衣，连秀才也考不上。他却毫不气馁，屡败屡考。直到103岁高龄了，要拄着拐杖走路，他还要报考。街坊好心劝他说：“老先生，你偌大年纪，还博取什么功名呢？就算现在送了个官给你，你也做不来，不如死了此心吧！”王健寒长叹一声道：“唉，我不是为什么功名，而是心中不忿呀！”

到考试的时候，由于王健寒年老体弱、精神疲倦，一到号舍就睡着了，连出什么题也不知道，直至监考官巡到他这里，见他还在睡，推醒他问：“文章做好了吗？”王健寒才揉揉双眼问道：“题目出了吗？”“哈，人家将近交卷了，你还未知试题？”王健寒一惊，想道：“糟了，这科又是不中了！如交白卷，很丢脸的呀！不如随便写吧！”于是问了试题，想到哪句就写哪句，不像以前那样精雕细琢、引经据典了，总之快手写完，好过交白卷就算。

怎知这科王健寒竟然中了，与他同场考试的孙子也考中。两爷孙同中秀才之事被传为佳话，人们纷纷表示祝贺。王健寒喜极之余冷静想道：“为什么我以前用心去考却不中，这次随便写反而能中呢？啊，是了，因我以前落笔太高超，并以能引用冷僻典故为荣，连试官也不晓，怎会中呢？而这次写得通俗易懂，反合试官口味。正是‘不愿文章高天下，但愿文章中试官’啊！”

王健寒在科场中拼搏了七十载，经历了康熙、雍正、乾隆三个朝代，才得秀才之名，此事被传得沸沸扬扬，称他为“三朝百岁秀才”，他住的小巷就称为“百岁坊”了。

第三辑　广府风物

有着两千多年建城历史的广州，每一座山，每一道桥，每一栋古建筑，都有丰富的历史文化价值。历史的印迹不应被抹去，保护好广府风物，既是对历史的尊重，更是对广府文化的自我肯定。

观音山

话说在明朝弘治年间，广东伦文叙三斗柳先开夺得状元。柳先开很气恼，要破坏广东风水来压低伦文叙的锐气，于是他请教著名的风水先生赖布衣，赖说："你要到江西龙虎山，向张天师请一个哪魃星回来，把它压在越秀山我点的龙头上，伦文叙就会逐渐走下坡路的了。"柳先开大喜，果然去龙虎山请出了哪魃星塑像。柳先开一看，吓了一跳，哗！只见它披头散发，面目狰狞。张天师说："只有它才能压得住龙脉，它指到哪里，哪里就有灾瘟的了！"

柳先开把它带到越秀山，就在赖布衣所点的"龙头"上建庙来供奉。但这凶神恶煞有谁来拜呢？柳先开见广东人多拜观音，就称此庙为"观音庙"，还写道："观音坐龙头，青莲水上浮。富贵代代有，广东永无忧。"但又在哪魃星的屁股下压了一首恶毒的诗："哪魃坐龙头，乌龟水上浮。富贵无三代，清官不回头。"他骗人道："这是大慈大悲的观世音菩萨啊，你们不知道吗？佛经上说，观音有七种化身现相，这就是其中一种了！"很多百姓信以为真，还常来参拜。因为有了这间观音庙，人们就习惯称越秀山为观音山了。

当时广州有位大官叫湛甘泉，他母亲闻得越秀山上新建了观音庙，于是赶来参拜，因人多挤逼，跌倒在地，扭伤了脚。湛甘泉事后想：如果是观音菩萨，应该救苦救难才是，为什么我母亲反而受难呢？于是到庙中一看，这哪里是观音，分明是害人的哪魃星，一怒之下，命令士兵把它砸得粉碎并把庙拆掉。

"观音庙"没有了，人们就渐渐称回此山的原名——越秀山，但现在偶尔还能听到老一辈的人称"观音山"哩。

◉越秀山百步梯旁，有个嵌有石牌的拐角处，牌上刻着国际歌的字句，此拐角处，便是当年观音庙所在。不少老广州仍记得此处曾经有间观音庙，故到观音庙拆后至今，一直有不少人到原址上香，于是不知何时便有了那块“无神论”的石碑。此情此境，甚为有趣。（摄影：杨钺，拍摄时间：2009年3月27日）

六脉渠：水为财，水为患

2011年的一天晚上，忽降五小时大雨，广州多处遭水浸，甚至有人戏称，羊城已成东方威尼斯，还推出水浸八景。童谣中饶有生活气息的水浸街，当成为现代人出行的阻碍时，就不再是一件有诗意的事了。

广州水浸街事件，有记载的最早一次是于东晋太元十八年（393年）发生。自此之后，历史有记载的大大小小的水浸街，就一直伴随着广州人，可见广州确实有太多的水了。水多为患，也能为财。历代广州人不断发挥自己的聪明才智，利用水去化财。六脉渠就可谓是广州人化水为财的智慧结晶。

六脉渠修筑于宋代，是在广州地区原有的南北河流、溪径以及南汉时期所修筑的东西澳的基础上稳固堤岸以形成的。宋真宗大中祥符三年（1010年），广州就开始修筑六脉渠了。但六脉渠修筑的最初目的，防水浸街只是第二考虑，首要是为船只提供避风浪之所及在城内航行的水道。原来，当时广州城一段的珠江水面甚为广阔，临近大海，而宋时海上贸易发达，商业成了催生六脉渠的重要因素。故此，脉者，就是水上交通、广州商业运行之血脉。

六脉渠，其并非单单六条水渠，而是一个不断发展完善的水系统。我们常说的六脉渠，是一个广义的水网代名词，就最初宋代的规模而言，它包括了狭义的六脉渠（六条纵向水道）、内濠（清水濠、南濠），再配以文溪、西湖、菊花湖、兰湖水，形成一个游走于城区内部的水网。随着城区的变迁、城池的扩建，城内交通运输方式的改变，六脉渠水网亦在不断变化，尤其表现在狭义六脉渠的位置和长度的变化上，呈现出整个水网规模的不断扩大。及至清朝，六脉渠水网的通航价值已几乎完全消失，发展成为由六大主渠作为大动脉，与其余小水道牵连相通的一个完善的排水系统。

可惜的是，六脉渠这项汇集数代古人智能的伟大工程，并没有让当时的广州人就此摆脱水浸街。尤其是在明清时期，随着广州城区的用地紧张，诸如跨渠建筑、围沙坦以造田、在渠道上种植、倾倒垃圾沙土进入渠道等现象更加严重，导致六脉渠水网经常淤塞，虽然官方和民间屡次疏浚，但是屡疏屡塞，六脉渠难以长期有效发挥其排水功能。清人陈坤有诗一句："年年费帑通渠路，骤雨还防积水深"，说的正是此事。

到了民国，六脉渠水网大部分由水道改成埋于地下的混凝土管渠和地下水渠，当年水网逐渐从人们的视线里消失，仅剩下少量的明渠水涌。新中国成立之后，政府又对地下管渠进行清理、修葺和改道处理，并且将大部分地下水渠改成管渠。但城市化的推进又引发一个新的问题，就是不透水的地表面积的扩大，使得地表雨水汇流速度加快，最终导致水浸街。

六脉渠这个神奇的水网络，它的开辟，见证着广州海上贸易的兴旺发达；它功能的转变，见证了广州商业由城池内部向城南、向西关的迁移；它的隐退，见证了广州城市化的发展。只可惜，无论它存在与否，都没有终结广州水浸街的历史。经过那夜一场水浸街，有人说，不如恢复六脉渠啦。但须知道，水能化财，亦能覆舟，水浸街的历史责任不在六脉渠，而在于人的规划和管理。讲古佬始终相信一句：珠江后浪推前浪，羊城今人胜旧人！

在未有海珠桥的日子里

2011年，服务广州人七十几个春秋的海珠桥即将迎来十月的大修之际，有专家提出了原地重建的建议，使人不尽叹息：“这座曾经的跨江一哥真的老了！”诚然，作为广州第一座跨江大桥，海珠桥的出现，确实改变了我们的生活。试将历史倒带到七十多年之前，讲古佬带你看看在未有海珠桥的日子里，广州人的“过海”故事。

海珠桥因它临近珠江三石之一的海珠石而得名，于1929年12月动工，1933年2月建成通车，从此，广州人告别了只靠渡船“过海”的岁月。而在此之前，珠江一直是将广州分成“河南”、“河北”两个截然不同的世界的“天险”。话它是“天险”，一点也不过分。一来珠江河旧日很宽阔（是故，广州称之作海），南北航行水路较远；二来，广州常有台风，台风一至，江面浪涛汹涌，渡船便得停航。

以前广州有句话：“有钱有势住东山，有钱无势住西关，无钱无势住河南。”一语道出了珠江两岸的差异。一江之隔，“河北”称为“大城”（广州人俗读“丝赢切”），“河南”则是乡村郊野之地。“河南”的人要入城办事打工，全凭渡船。最早的渡船是木制的沙艇和横水渡。沙艇最多坐三个人，横水渡则可坐七八个，都是靠人力去撑船，满人就开船。广州曾经还有一条横水渡巷，就在如今的越秀区的德政南小区的位置。上文已提到，从前珠江河比现在宽阔得多，早在元朝的时候，德政南一带还是渡口，主要供“过海”的横水渡停泊上落客，渡口称为横水路。后来，由于珠江逐渐变窄，到清朝的时候，这里已离岸甚远，码头消失，成为巷仔。为作纪念，时人将巷命名为横水渡巷。不过，因为要兴建小区，如今巷仔已消失，知道“横水渡巷”一名的人也少之又少。

古时渡船的撑船公天光（天亮）开航，入黑就收工。如果错过了渡船，就要羁留城中，回不了家。广州人广为流传的清代民间传说《大闹广昌隆》里面的那位卖绒丝线的“绒线刘”家住“河南”南石头，就因为错过了船期，迫不得已到广州城里的琼芳客店过夜，住入了闹鬼的房间，才遇冤魂廖小乔现身诉惨情，引出后来大闹广昌隆的复仇一幕。

直至1911年，广州横水渡航线有廿多条，每日渡江的人次不下数千人。而机动渡轮的出现，史料记载是在1921年。事实上，在此之前的1908年，已经有依靠机动电船拖行的“花尾渡”出现。“花尾渡”本身并无动力，全靠一只俗称“温底”的小火轮拖带而行。靠岸之时，即两船拍合并拢，中间用粗缆扣牢，花尾渡在近岸内侧，小火轮在外侧压迫其埋岸（靠岸）。此等“拖行”、“拍合靠岸”，简称作“拖”和“拍”，由于形如情侣拖手而行、相偎相傍之貌，故此，广州人称情侣谈恋爱为“拍拖”。“花尾渡”除了有渡江功能外，也慢慢发展出游河赏景的功能，成为富豪的豪华游轮，其中乐趣绝不亚于今天的珠江夜游。

然而，轮渡的发达也并非意味着可以全天通航，机动渡船还是有班次之限的。这种情况真正的改变，发生在海珠桥的建成通行之后。原本，海珠桥中段可开合，桥上行车，有大船在桥底经过时，则可打开升高桥面，让其通行。可惜的是，1938年日军侵占广州，海珠桥遭破坏，从此中段桥面开合部分再也无法复原了。而1949年国民党军撤退广州之时，它更被炸毁。如今所见的大桥，是新中国成立后重建的。可以说，海珠桥见证了我们广州珠江南北交通历史的发展变迁。

西关大屋有“古仔”

一提到广州最有特色的地方，好多老友记都会第一时间想到西关，想到西关，最熟悉的就非西关大屋莫属啦。所以，难怪广州亚运会的志愿者服务站的造型都是参照西关大屋的了。

西关大屋是旧日的达官贵人所兴建的寓所，是当时上流社会的居住品位的体现，自然在设计上相当讲究。

基本布局是三间两廊，左右对称，中间为主要厅堂。中轴线由前而后，依次为门廊、门厅、轿厅、正厅、头房、二厅、二房。每厅为一进。厅与厅间以天井相隔，天井上加小屋盖，靠高侧窗（水窗）或天窗通风采光。正间两旁主要有书房、偏厅、卧室和楼梯间等，最后为厨房。门厅右边一般设有庭院小品，栽种花木，布置山石鱼池以供游憩观赏。庭院后部为书房。大屋两侧各有一条青云巷，寓意“平步青云”，又称“冷巷”、“火巷”、“水巷”等，有通风、防火、排水、采光、晾晒、交通、栽花木等多种功用。门面装修与竹筒屋相同，外为矮脚双扇门，中为趟栊，内为大门，均由高级硬木制成。室内装修讲究，陈设家具、灯具、条幅、对联、书籍、古董、字画、瓶花、盆栽、笼鸟、镜台及各种艺术品。名贵的红木家具、精巧的木雕花饰、富有地方特色的满洲窗和槛窗其独特的布局形式都具有浓郁的岭南韵味。

讲起西关大屋，关于它的门面有着一个挺得意的“古仔”。西关大屋的矮脚双扇门，俗称“脚门”。脚门的来历据说是与严嵩有关。当年严嵩用蜜糖搽于御花园松树之上，惹来蚂蚁，组成了“永不斩松”四字。严嵩引着嘉靖皇帝去到园中，皇帝发现树上字眼，不禁读了出来。在北方话中，“松”与“嵩”是同音的，严嵩当即下跪谢恩。后来，严嵩意欲谋反之事被海瑞揭发，嘉靖皇帝欲斩严嵩，但碍于当日金口玉言“永不斩松（嵩）”，唯有将其流放到羊城，赐其金饭碗一只，称作“奉旨乞食”。羊城百姓痛恨其劣行，个个关门闭户，装作家中无人来回避他。但关门家中空气又不流通。后来，有一能工巧匠，设计仅有一人高的矮脚门，即可作遮掩，让严嵩看不到家中是否有人，又不阻挡通风，称作“脚门”。人们纷纷仿效，安装脚门。严嵩最后乞讨不到食物，活活饿死。脚门后来成为广州一带民居门面的常见之物，尤其是西关大屋，一定少不了它。

西关大屋，确实是我们广州有价值的建筑物，它的点点滴滴都蕴涵着广府人的文化风情。爱护这些这么有特色的建筑，既是对历史的尊重，对老广州生活的回味，更是对广府文化的自我肯定。

天字码头有段古

广州东堤有座气派非凡的码头，名为天字码头，清朝中叶曾被指定为官方码头，但凡官员从水路到广州或离开广州，都在此上落。码头前面有接官亭，作为迎来送往官员之用。

为什么叫天字码头呢？原来古人编排号码多用《千字文》作顺序，其开头是“天地玄黄……”天字码头即是第一号码头，亦是说最好、规模最大的码头。说起来，这个码头是由一名水手独资建造的。

且讲明朝万历年间，粤东大埔县旧寨村有位青年叫李寿相。他出身于水上人家，从祖辈起，都是在韩江操船，替人摆渡、运货为生。李寿相自小就帮父母当船工，练就高超水性，撑篙划桨样样皆能，而且身强力壮。不料28岁那年，他父母双亡，又遇灾荒，更惨的是赖以为生的木船也被水贼抢去。李寿相无奈之下带着妻子和一双儿女到省城谋生，但在广州又举目无亲，他只好在珠江边用旧竹木搭一间简陋的茅寮栖身，自己到一艘货船中当水手。这样一干就是五年。

有年中秋节的傍晚，李寿相在船头撑篙，忽见上游漂着一个人，忽浮忽沉，似是溺水者，马上对船主说：“事头，前面有人跌落水呀，把船撑过去救好吗？”谁料船主瞪了他一眼喝道：“别多管闲事！”“人命关天，怎能不救呢？”“我的船不是招魂船，而是做生意的，样样都讲吉利，如果载过死尸，还有人敢租用吗？”李寿相一时语塞，但他发现那个落水者还在挣扎，连忙说：“事头，那人未死的呀！”怎知此话更激怒船主：“叫你不要理你就不要理，否则就炒你鱿鱼！”但李寿相不顾一切，纵身跳入水中，把那人拖上岸。李寿相懂得救被溺之法，终于将那人救活了。原来那人是省城大富商陈某之子，中秋节与友人相约游船河，不慎掉下水。陈家很感激李寿相救命之恩，即奉上酬银1200两。

李寿相推辞不过，只好收下，用此银买了三艘船扬帆珠江各地，经过几年的辛勤拼搏，成为了拥有20艘船的船主，人人称他为“李富翁”。他见偌大的广州，没有一个像样的码头，于是独资建造了这座天字码头。

署前楼的故事

位于越秀区庙前西街30号的署前楼，曾是广州东山遗留的最大的民国建筑。可惜的是，它已在2011年9月5日，被完全清拆。

讲到署前楼的“古仔”，先要从浸信会在广州传播的历史讲起。浸信会，是一个起源于德国的重洗派基督教新教，于1844年传入广州。浸信会的教友，在广州捐资建设了一系列的医疗机构、福利机构，其中就有创始于1901年的宏济医院。但因为各种原因，宏济医院半年后就停办了。后来，有一位叫张新基的浸信会教友，向兴华教会借用广州（德政南）东石角福音堂楼下开办东石医院，并于1914年9月10日开幕，不过这还不是署前楼。

署前楼的真正兴建，是在东石医院开办之后的几年，但绝非近来外界传说的1918年。由于原东石医院地方不够用，张新基在东山的木棉岗觅得一块山坡地皮以建新院舍。谁知，该坡地原来有很多坟墓，张新基又出资给坟主将坟墓迁走。一切办妥，新大楼方正式兴建，就建成了后来的署前楼，也就是说署前楼最初乃东石医院的新院也。有趣的是，木棉又名红棉，不知是否设计者有意为之还是巧合，署前楼通身的红色刚好与其所在地木棉岗的“红棉”之名相互映衬。

那为何说署前楼并非始建于1918年呢？事关在1917年，张新基就已无偿将医院送给两广浸信联会接办，停办的宏济医院得以重开，正式改名为“两广浸会医院”。新中国成立后，该院于1952年由海军医院接办，改名中南海军医院，即今天赤岗的广州市海军第四二一医院前身。

讲到这里，有个人物好值得一提。他就是“古仔”里头斥资买地自办医院，又慷慨捐献院舍的张新基。原来，他不但是两广浸会医院重开的有功之人，而且更是挽救培正中学的大功臣。当年，浸信会曾在广州德政街开办“培正书院”，后来将之迁往东山。但因购地、建校舍而负债累累，更加被债主追逼，要卖校还债。就在培正面临绝境之际，张新基等人发起“培正维持会”，召集众人商议培正的前途命运。卒之，在场各人士为义举所感动，即席认捐1600元，令培正渡过危难。张新基亦因此被后人誉为“培正功臣”。

放眼东山，往昔的恤孤院、慕光瞽目学校、培灵幼儿园、两广浸信会安老院、两广浸会医院……似乎犹在眼前。这一切的一切，无不可以找到像张新基那样的善心人的足迹。故此我说，东山其实不仅是承载着那些风云人物的故事，更印证着昔日广州人关怀社会的进步之风。

大三元，再觅一个陈福畴

大三元，曾一度是令广州人向往的高级茶楼，位置就在今长堤大马路上，如今已经不复存在。讲起大三元的兴衰故事，可谓传奇至极。

相传，大三元原是一间小食店，老板叫陈福畴。某除夕夜，一孤儿入店偷取食物，被伙计等人发现。陈老板悉其苦况，不予怪责，反而为乞儿赠食披衣，送银作使用。后来孤儿赴南洋，为一橡胶园主所雇，以其勤奋善良，深受园主看重。园主临辞世之时，将产业交予孤儿接手。饮水思源，孤儿专心打理橡胶园以报故主，遂成富翁。但遗憾当年陈老板接济恩德仍未报答，孤儿便亲身回穗。无奈经历抗战，长堤成瓦砾颓垣，不见大三元踪影。为寻恩公，孤儿乘黄包车兜转于羊城各处，足三日夜，依然无果。黄包车夫不明其怪异行径，问其所觅何人。孤儿开口道出，方知陈福畴竟是车夫叔父，惊觉巧合。车夫领孤儿回台山乡下，原来大三元于战火中被炸毁，陈福畴幸得逃生返回故里，今已一贫如洗。孤儿见陈老板苦况，不惜千金，为恩人重建大三元。当年小店，巨资之下，顿为大酒楼，从此闻名海内外。

是为传说乃后人附会，大三元实于抗战前已为广州酒楼界"大佬"，挽救大三元之人亦非孤儿，而正是陈福畴本人，以其结交广、计谋多而被业界称为"乾坤袋"。历史上，大三元始创于民国五年（1916年），为一间小型"竹筒铺"酒楼，在与其他酒楼竞争中连连败阵，大三元几近"执笠"。陈福畴看准大三元的潜力，出资顶手过来。接手筹备之时，陈福畴得遇右邻羊城置业公司停业之机，遂租其铺位以拓展酒楼范围。时长堤商业繁华，各色人等聚集，尤其"偏门"、灰色交易甚多，陈福畴便以此等堂口大佬、"过界"官员为对象，使大三元成为其洽谈交易的场所，并且为酒楼加装升降机，使之成为当时广州首家有升降机的酒楼，尽显场面气派。后大三元几经跌宕，皆被陈福畴一一闯过。在陈济棠主政之时，长堤商业异常红火，大三元更因此步入全盛时期。然而，随着陈济棠下台、日军侵华，萧条的经济令大三元元气大伤。虽广州光复后，大三元也曾热闹一时，但顶不住实力更强大的同行之重围，卒之是好景不长，难逃易主命运。

新接手之人，乃温光也，其经营大三元到解放后合营。虽然大三元已难见当年“爆棚”景象，但在党和政府的关怀帮助和温光的妥善经营下，大三元在很长一段时期内依然是响当当的名号。无奈，随着后来水陆交通的衰落和商业中心的转移，“大三元一席酒”已非彰显身份时尚之举，大三元失去了原有的商业气候环境，再也经营不下去了，于2000年黯然谢幕。

如今，大三元正计划复建，要再现昔日的酒楼王国，正应一句“一个酸梅两个核，今时唔同往日”。不同的时代，发展的计划自然有所不同。长堤商圈的复苏，要考虑的还有很多，缺少的不是热情和一时冲动，而正是商业奇才陈福畴的那种前瞻性眼光和迎难而上的旋乾转坤的气魄。

康有为与陶陶居

各位老友记，当大家去到上下九的时候，会见到一间老字号茶楼——陶陶居，它牌匾上那“陶陶居”三字正是维新变法领袖之一的康有为先生所题的。要问康有为缘何会为陶陶居茶楼题匾呢？相传有四种不同的说法。

最普遍的说法是：有一天康有为与一群书友到陶陶居饮酒，大家高谈阔论、诗酒唱和，陶陶居的老板久闻他的大名，请他题匾，康有为乘兴欣然命笔。

第二种说法是：陶陶居的前身是一位富商的花园，名叫“霜华苑”。富商的爱妾萄萄在霜华苑内住，他请康有为题“萄萄居”，但康有为以为是乐也陶陶的意思，就题“陶陶居”三字使人送去。富商一看，苦笑摇头，知他误会了。但康有为不是随便与人题匾的，现在肯写都不知给自己多大面子了。后来霜华苑易为茶楼时，就将此匾挂上了。

第三种说法是：陶陶是康有为的小妾，康有为买了间屋给陶陶居住，在屋里题了“陶陶居”三字。后戊戌变法失败，康有为亡命江湖，陶陶不知去向，此屋易主。后来有人在旧书摊中购得此墨宝，就用作茶楼招牌。

第四种说法流传于坊间，最有传奇色彩而且鲜为人知。

且讲慈禧太后扼杀了百日维新，将谭嗣同等六君子送上断头台。那时康有为早知道风声逃出了京城，到香港一家偏僻的客栈住下，准备逃亡日本。在等船期间，康有为足不出房，只是看书和练字。店主人见他的字很有气势，逆锋走笔，与众不同，又见他举止深沉，时不时有神秘人物访他，断定他不是普通人，于是对他说：自己准备在省城开间茶楼，名“陶陶居”，请先生书写。看官，这时康有为正被清廷缉捕，哪敢替人写匾呢？他推说自己有病，执笔手颤云云。

怎料第二天康有为真的得了风寒病，店主人殷勤服侍，又请医生，又亲自煎药送到床前，嘘寒问暖，终于使康有为感动了。

一天，店主人送茶水到康有为房间时，不见他，不知几时走了，却发现杂物房中地上平铺着一层炉灰，灰上写着“陶陶居”三个大字，一看落款，才知这位是大名鼎鼎的戊戌变法领袖康先生！真是惊喜若狂。但他又为难了，怎样将灰上的字拓印到纸上呢？因为炉灰轻轻一碰就会瘪陷。后来有人献计：用喷雾器将胶水轻柔地喷在灰面上，待干了，灰面结成一层硬膜，就可以铺纸上去将字勾摹下来。相传现在看到的题匾上的字是这样得来的。

有人说，康有为走得仓促而且秘密，为了报答店主人，一时没有那样大的纸，又不想惊动别人，就只好在灰面上题字了。

以上四种说法哪种是正确的呢？有待有关专家学者考证了。

惠如楼与“淋大柜”

惠己惠人，素持公道；

如亲如故，长暖客情。

这是过去广州一家老字号——惠如楼茶楼的门联。它始创于清朝末年，店主陈惠如，心地善良，对人和蔼可亲。有一年除夕，陈惠如忽然收到从南洋寄来的二百银元，署名叫“林大贵”。陈惠如想来想去想不明白：在南洋素无亲友，怎会有人无端端寄钱给我呢？更奇怪的是，以后每逢除夕，都有“林大贵”寄来的二百银元，这不是一个小数目呀！陈惠如坚决把钱退回，并附上一封信，要求对方说明原委，否则坚决不收。不久，南洋那边回信了，说“林大贵”不是自己的真名，而是“淋大柜”的谐音……

原来是八年前一个深夜，惠如楼的伙计正起床工作，张罗明天的早茶市，忽见一个小偷，窜入大橱柜中躲藏，伙计喊打喊杀，吓得小偷不敢出来，有个伙计说：“用开水淋他吧，看他出不出来？如再不出来，干脆烫死他！”说罢，真的拿了一大铜煲开水过来。陈惠如闻声赶来喝止，挥挥手叫伙计干活去。自己走到柜前，安慰小偷不要怕，放心出来。只见出来的是一个廿岁左右的小青年，衣衫褴褛，面露饥色。陈惠如马上拿点心给他吃，并询问他的情况。小青年说因家乡灾荒，自己只身来到省城，怎知投亲不遇，钱已用光，实在饥饿难忍，才想偷点食物充饥，说罢，不断磕头，请求放过他。陈惠如开导他说：“偷东西不是好人所为，如被人捉住就受罪了，你可以做一些小本生意，总比做小偷强。”说完还拿五个银元给他。

此后，那小青年去了南洋谋生，勤勤恳恳努力工作，挣到了一些钱。他对当年到惠如楼偷东西吃，有人要用开水“淋大柜”的惊人一幕，以及陈惠如热心相助的情景，始终铭记于心。故每到除夕，必用谐音“林大贵”的名义寄些“利市”给陈惠如表示感恩。

陈惠如看罢来信，不禁感慨万千。他的厚道之名不胫而走，生意越做越旺，陆续开了“东如”、“南如”、“多如”、“三如”等多间茶楼。而“淋大柜”的故事也一直流传至今。

◉如今中山五路华联购物中心大楼位置，便是当年惠如楼所在。（摄影：彭嘉志，拍摄时间：2009年9月8日）

广州名园不逊苏州园林

人人皆知“苏州园林甲江南”，但其实从前的广州园林一点都不逊色于苏州。

广州的园林历史，自秦汉始。南越王统治时期兴建的御花园，就是最早的广州皇家园林。它就在如今中山四路附近，随着考古挖掘工作的进行，已逐步重现我们眼前。及至南汉时期，皇家园林更加辉煌，有甘泉苑、芳春园、芳华苑、华林园、昌华苑等十多个。如今尚存的，就是位处教育路、西湖路的九曜园，即当年南宫药洲，它亦是南汉广州众多同类园林中最著名的。

清代中晚期，是广州私家园林盛极之时，其主人几乎都是当时的富商巨贾，位置主要集中在西关、芳村一带。往昔最具代表性的就有被称为“西关四大名园”的唐荔园、海山仙馆、小田园、景苏园和被称为芳村八大园林的留芳园、醉观园、纫香园、群芳园、新长春园、余香园、翠林园、评红园。其他的园林更多不胜数。无奈的是，今尚能找到踪影的已寥寥可数，只有海山仙馆、小画舫斋、醉观园、唐荔园等几个。

海山仙馆位于今荔湾湖公园所在，乃嘉庆年间富商丘熙所建，时名虬珠园。后来由广州五大富商之首潘仕成购得，并加建楼台桥亭，拓宽面积而成。园中所藏金石、古帖、古籍、古画号称“粤东第一”，极盛之时甚至一度成为广东清朝高级官员非正式接见欧美外交使者和商人的场所。无奈后来因原主盐务亏空，园林拍卖，只有零散之物存于博物馆及在荔湾湖公园中重建的主楼“贮蕴楼”。

小画舫斋位于如今逢源路一带，由侨商黄景棠出资兴建，落成于光绪壬寅年间。其临水而筑，结构仿古时“游河”的紫洞艇形式，因而得称“舫斋”。

“文化大革命”期间，园中南面主体建筑、诗境亭及连廊等均受到破坏，其今已混迹于民居之中，真正留存下来的只有一座家庙，“船厅”则是1966年重建的。

醉观园建于清末，兴建者叫梁炽权，为新兴县天堂圩人。该园既是私人园林，又是有商业性质的花卉销售园，以栽种牡丹出名，昔日达官贵人、名流望族甚为热衷在此购花。园主人还在这里开设了园林式的酒楼“醉观楼”，这是广州最早经营西餐西点的食肆。但在日军侵华时，它被严重破坏。新中国成立后，政府在醉观园原址建醉观公园，公园就包含了醉观园和其他周边园林的幸存部分。

唐荔园初名丘氏园，位于现今荔湾湖公园内的荔湾湖饭店附近，为清人丘熙于道光初年兴建的另一处园林。丘熙早年曾在澳门洋行谋生，后从英国人处学得预防天花的牛痘接种术，遂于广州十三行设馆从事接种之业。随着历史发展，唐荔园逐步衰落。2000年，商家与荔湾湖公园合作，在原址附近的荔湾湖公园内重建唐荔园，并在如意坊口立牌匾。重建后的唐荔园，已成为一间酒家。

传统园林大多已消失，为我们演绎的是一代代帝王、富商的传奇和逝去。如今有关方面正着力打造一批新的岭南园林，讲古佬只希望，不要展现浮华，亦不要仅仅停留在建筑本身，还应有背后的那份精神复兴。

神秘的石室

在广州繁华的批发中心一德路，有一座充满法国色彩的教堂。这座隐身于旧巷民居中的大教堂，名为圣心堂，因其全由石头建造而成，广州人习惯称之为——“石室”。然而，这座“石室”教堂为何会选址在此建造？其与附近原两广总督行署遗址“旧部前”街又有什么关系呢？

这座教堂是全国最大的哥特式教堂，其中最引人注目的，当然是钟楼上一对锐利的塔尖直插苍穹，在暮色苍茫之中，给人一种庄严且神秘的感觉。教堂里的礼拜堂又高又深，顶上更镶有五彩玻璃，当阳光透过玻璃射下时，变幻成五彩缤纷的华彩，犹如一团团神秘的火焰。两侧外墙上有很多石雕的羊头，这是独特的悬空排水设计，当下大雨时，水从石羊左右两排的口中喷泻而出，真是蔚为壮观。这座占地2700多平方米的建筑物，全部由几十万块巨石砌成，人们习惯称之为“石室”。这石室从清朝同治二年（1863年）动工，至光绪十四年（1888年）才建成，历时25年，而这座工程浩大的教堂不但足以与巴黎圣母院媲美，更留下很多鲜为人知的故事。

石室所在地是“旧部前”街，但“部”却是指两广总督的行署，习惯称“部衙”，也就是说，这里原是两广总督部衙前面的地方。有人会问：既是森严据地，为什么会建有外国教堂呢？想当年第二次鸦片战争之时，英法联军攻入广州，炮火将临江的两广总督部衙夷为平地，接着军舰沿着海岸北上，直逼京城。清统治者懦弱无能、胆战心惊，被迫签订了丧权辱国的《天津条约》，其中有一条是允许外国人在此传教建教堂。于是法国使者挟胜利者之威，在广州物色地方了。他来到原来两广总督部衙所在地，见这里南临珠江，东可达黄埔出海口，西邻外国人的租借地沙面，北靠广州城中心，地方又广阔，如果在这里建造法国式的教堂，十分不错。于是他约见当时的两广总督，一开口就要两广总督赔偿，总督莫名其妙地说：“我又没欠你的，凭什么要我赔偿啊？”法国使者却说：“你可能忘记了，在雍正、乾隆时期，我们法国人来到中国传教，被你们禁止，我们建的很多教堂都被你们拆毁或没收了，这要不要赔偿呀？”总督倒吸一口冷气：天呀，先几辈皇上的陈年旧账也翻出来说。他本想驳斥那个使者，但想到上头交代过不要得罪洋人，便忍气吞声答应对方的要求说：“现在我们国库困难，赔不了这么多。”使者趁机说“可以用别的办法补偿”，提出“借”原部衙旧地建教堂。总督虽然不愿，但也毫无办法，只好奏知皇上，获得批准，于是法国人就建了此教堂。

再说法国使者得到清廷批准后，就请本国的建筑师仿巴黎圣母院的风格设计，认为这样才能显出法国人的气派。然后又从香港九龙的石山上采来巨大石块，用船运来广州。但开工时出现重重困难：一千多斤的巨石怎样吊装上去呢？石与石之间又怎样粘合呢？当人们束手无策时，刚巧五华县一位石匠蔡孝，到工地探望老乡，顺便参观一下工地，一看就说你们这样干不成，必有隐患，并说出自己的施工方案。工头看他讲得十分合理，就请他留下，聘他为石室的施工总管。原来蔡孝出身于石匠家庭，祖辈几代都是与石头打交道，自小练就出色本领，打石建屋样样皆能。现在他发挥出他的聪明才智了：利用杠杆原理用长绳吊装石头，在石头上钻孔，用钢枝串起，再熔化铅锡浇进粘合，使得尖拱肋腓结构非常坚固。故此石室经历几次炸弹空袭，都安然无恙。而且，在这个巧手工匠的设计下，在教堂下面还有个庞大的地下室。据说，在殿堂后壁，有一个半个人高的小洞要俯身弯腰才能进入，通过一条仅容一人行走的又黑又窄的小道，沿石梯盘旋而上，石梯尽处豁然开朗，眼前就是凌空在拱顶下的十字架了，其后又有一层拱顶，实际是双层拱顶之间的暗格，也能容几百人。如此设计，又为古老的石室添上一层神秘的色彩。

◉近年，石室重新修葺一新，但其秘密至今未为世人洞悉。（摄影：彭嘉志，拍摄时间：2009年4月5日）

广州的“高考”遗迹

每年的高考都牵动着莘莘学子和无数家长的心。这次讲古佬就讲一下古人“高考”——科举考试的故事吧。当然啦，科举考试不能等同于高考，前者为的是博取功名，后者为的是争得接受高等教育的入场券，不过两者在各自时期的社会影响上，确实同样地牵动万千人的心。

科举考试的成功与否，会影响一个知识分子的一生。因此，古人将上榜视为一件喜事。从前有“大四喜”之说，指的是：久旱逢甘露、他乡遇故知、洞房花烛夜、金榜题名时。可见科举的地位是多么的重大。

位于如今越秀区文明路的红楼和龙虎墙街，就是当年科举考试的见证。红楼正名是明远楼，因为其由头至脚都是红色的，因而被俗称作红楼。它是清代广州贡院的一部分，是提供给乡试监考官等官员办公的地方。以前，在它的附近就是成千上万间提供给应试者在里面一连几日几夜答题、食宿的号舍。据说，小小一间号舍里有桌、椅、床铺，但环境还是比较恶劣的。至于龙虎墙街，以前那处有一堵龙虎墙，是用来张贴榜文、公布考试排名的。在旧时没有先进通信手段，要知道结果，就必须到龙虎墙看，所以，每到放榜之际，龙虎墙前定会人头攒动。由此也催生了一些职业报信人，一得知谁人榜上有名，就会赶去那户人家报喜。通常，这些人家都会给封利市报信人，报信人有时刚走一个就又来一个，给利市都给到手软啊。

2011年高考引入了金属探测器打击作弊，由此讲古佬又想到古代科举的防作弊手段。原来古代科举考试时为防夹带，就曾出现过要求考生“剥光猪”（脱光）的措施，后来也有没那么粗暴的“淋浴更衣”。古时科举，一旦被发现“出猫”（做手脚），轻则入狱，重则杀头。最不可思议的是，考试开始前会锁大闸，不论什么原因都不能开门，甚至“火烛”（起火）也不例外。所以，每次考试之后，都会在考场中发现很多死于不同原因的应考者。尽管古代科举的要求如此苛刻，考场环境又这般恶劣，随时可能搭上性命，但为求进入仕途，知识分子还是乐此不疲地应考。相比而言，现在的高考考生真是幸福得多了。

五眼桥的来历

广州石围塘街，有座五孔石桥，俗称为五眼桥，过去是“省佛通衢”，桥上车水马龙川流不息，至今还坚固如初。更有奇特之处：桥上所谓“栏杆”，只不过是高出桥面15厘米左右的石条，但几百年来，从未有人在桥上失足跌落水。

且讲明代南海盐步，有位李老伯，他私下纳服侍自己的婢女为妾。婢女怀孕时，老伯病重，他担心自己万一亡故，腹中的孩儿不为李家承认，临终留下遗嘱：“七十一老翁，临老入花丛。生儿李待问，生女李妙容。”不久老伯去世，婢女产下男孩，按遗嘱取名叫李待问。由于有老伯的亲笔遗嘱，李家的人不敢赶她母子走，但总是冷言冷语。婢女不愿寄人篱下，搬到邻村，搭座茅寮，替人做针线度日。

李待问到七八岁时，因家贫无钱读书，但他勤奋好学，日间趴在私塾窗外听课，晚上偷看武师教武，靠“偷师”居然练得文武全才。后来他投身军旅，屡立大功，很得大官的赏识，青云直上，若干年后，时来运转，居然当上万历年间的户部尚书。

这时，他母亲已年迈多病，李待问是个孝子，不会忘记母亲含辛茹苦把自己拉扯大，毅然抛却高官厚禄，回广州开一间商行，每隔十天八天必返盐步探望母亲一次。

从前由省城到盐步，要经过一条秀水河，摆渡的是一位姓潘的老伯。有一次，李待问走得匆忙，留下一包银在船中，但回来时潘伯将原银奉还。李待问感动了：潘伯这么穷尚能拾金不昧，我为什么不做些善事，造福桑梓呢？于是他出资建了五眼桥，并送一笔钱给潘伯养老。

桥落成之日，李待问站在桥头，雅兴大发，出了一句上联：“桥眼五通连水秀”。此句看似平凡，妙在能够倒读成“秀水连通五眼桥”，而“秀水”是地名。到现在这下联还没有人对上。

大通烟雨

薄雾云霞罩井泉，细雨如丝透深渊。

大通古刹多奇迹，羊城美景有相传。

各位老友记，这首是后人咏大通寺的诗。此寺位于广州芳村，始建于南汉时期，原名“宝光寺”，宋朝改名为“大通慈应禅院”，俗称“大通寺”，“大通烟雨”是古代羊城八景之一。

寺内有口神奇的古井，它上窄下阔，水味清甘，全寺僧人食用的都是这口井的水，故专雇一个人来挑水。

有次，挑水工一不小心，把扁担跌下井中。过了几天，他搭船过白鹅潭时，发现水面漂浮着一根扁担，认得是自己跌下井中那根，才知道此井是通往珠江的。此外还有神奇之处：天气晴朗时，在井口望下去，可以见到珠江帆影；晚上，将耳贴在井边，可以听到珠江夜游小艇的歌声和叫卖声。故有民谣道：“担挑井下流，鹅潭水上收。阳光照帆影，井口听船游。”

最令人神往的是：每当风雨欲来之时，井内云烟翻滚，蔚为奇观。但云烟始终在井内，没有冒出井口，故称“烟雨井”。

到了清代康熙年间，此井又称“云霞井”了。相传花地有个农妇，家道贫穷，因丈夫病了，无奈要借高利贷为丈夫治病。眼看年关已到，无法归还，只好扶着丈夫，到大通寺避债。被债主知道，追到大通寺，农妇走投无路，跳井自尽。这时奇迹出现了，只见井内云烟冲上来，把农妇托出井外。债主一见，大吃一惊，以为自己触犯了神灵，转身飞奔。从此之后，井中云烟就时常漫出井口，使四大天王殿前云烟缭绕，似披上轻纱，更添神秘色彩，故又称“云霞井”。

相传乾隆游江南时，曾慕名来游览，一时兴起，题了“大通烟雨”四字。广州知府不敢怠慢，在渡口建了座石牌坊，把这四字刻在上面，并重修了大通寺，这更使大通寺名声远播。

可惜日寇侵占广州时，大通寺全被拆毁来建炮台，成了一片废墟，后来又在此地建了工厂，所有古迹更荡然无存。幸好最近基建施工时，发现了此古井的遗迹，有关部门把它保护起来，规划在那里建绿化区。我们又多了个寻幽探古的好去处了。

姑嫂情深

在广州白云山下云台花园内，有个著名的文物景点，名叫“姑嫂坟”。各位看官，姑嫂合葬真是世间罕有，这里有段动人故事：

话说在南宋时期，番禺沙湾有位官员，名何人鉴。他常为政事奔波，很少回家，家中年迈体弱的父亲何琛和孱弱多病的儿子炛仔，全靠妻子施氏和妹妹贞女照顾。两姑嫂合力支撑起这个家，情同姐妹。贞女到了婚嫁年龄，还没考虑过出嫁。

各位看官，骂人“死绝”是阴毒的话，但在沙湾却不以为然，甚至认为是吉祥之话，这与炛仔有关。

说起炛仔，真是多灾多难，出世就瘦到皮包骨，经常大病，很多人都说：这孩子养不大的了。更有甚者：有次施氏背他去看病时，他竟然从母亲背上跌下来，当即昏死过去。因何家是几代单传，故有人摇头叹道：这回何家定死绝了。但两姑嫂一咬牙根：哪怕只有一丝希望，都要将他救活过来！于是抱着炛仔四处求医，踏破几多铁鞋，熬尽几多不眠之夜，终于从死神手中捡回炛仔一条命来。但何琛老人又病倒，两姑嫂衣不解带，服侍床前。无奈病入膏肓，药石无灵，何琛撒手尘寰。施氏悲绝身亡，贞女亦大恸而泣，同日去世。何人鉴感激她们孝义贤德，把她们合葬一处，称“姑嫂坟”。

何人鉴去世时，炛仔已长大成人了。他父亲的朋友见他是根独苗，便对他说：“世侄，我家有很多丫鬟，你选一个为妻吧！”“谢谢世叔。”炛仔便跟他回家。

俗语说：“沙湾何，有仔唔（不）忧无老婆。”丫鬟知何家少爷来选妻，都换上新衣，站在堂前，有的还搔首弄姿，希望被选上。有个烧火丫鬟正在烧火，被人催叫，她才急步走来，满头大汗，边跑边揭起衫襟抹汗。阿炁一见，马上说：“就娶她！”原来见她肚脐旁有粒朱砂痣。阿炁听老人说：有此痣一定多生养且有福气，于是毫不犹豫地选了她。

成亲后，他们生下四个儿子，四房人就发展成为今天沙湾东南西北四条村，而且村村人才辈出，是番禺一带的名门望族。人们都说：“真是‘死绝’才发的啊！”故在沙湾不避忌“死绝”两字。

沙湾何氏家族的人，始终念念不忘两姑嫂的大恩大德，每年清明，必成群结队前往姑嫂坟拜祭，几百年来香火不绝。

禁钟的传说

广州五仙观内，有一口万斤铜钟，称为禁钟。人们觉得奇怪，钟是铸来敲打的，为什么要禁呢?

相传明朝洪武年间，永嘉侯朱亮祖主粤时，监造了这口钟，原为报晓之用，怎知事有凑巧，敲响那天，河南病倒很多人，朱亮祖大惊，下令不准再敲。此钟只敲响过一次就被禁止了，故称为“禁钟”，悬挂此巨钟的楼，也便称为“禁钟楼”了。

此巨钟是怎样挂上去的呢?当年，众工匠都束手无策，朱亮祖便出告示：能悬起此钟者，赏银五百两。来看告示的人很多，但无人敢揭榜，个个都摇头叹息。

有户穷苦人家，两父女相依为命，租种王善人几亩田来维持生活，怎知此年旱灾，颗粒无收，王善人却来逼租，声言三日之内如交不齐，就要拉姑娘去抵租。父女俩急得抱头痛哭，不知如何是好。此时一位老道人走过来说：“姑娘，现在侯爷悬赏五百两银挂钟，你去揭榜，就有钱交租了。”姑娘说没有这本事，老道人把一条细藤交给她，叫她一端系着钟耳，另一端绕过横梁，暗叫“请黄大仙帮忙”，轻轻一扯，钟就能扯上去了。姑娘接过仙藤，说声“谢谢”，转眼就不见那道人了。

姑娘即去揭榜，官差见她是弱女子，喝声：“你穷疯了吗?”要拉她见官治罪。旁边一位老人劝说：“人不可貌相，也许她真有本事呢?如确实挂不起，再拉她见官都未迟。”官差点点头，带她去挂钟。

姑娘就按照道人所讲的办法，毫不费力就把巨钟挂上去，领了赏银，高高兴兴回家了，众人看到都啧啧称奇。

几百年来，此巨钟一直用这根细藤吊着。无人胆敢在钟下久留。到了清朝光绪年间，一个外国商人闻听此事，就上禁钟楼把此藤看了很久，心想一定是宝物了，就出高价向地方官买了这条藤，换了铁条去挂钟。

当他高高兴兴准备乘船回国时，想到这条藤很脏，就拿到水边去洗。说也奇怪，藤一沾水，霎时狂风大作，白浪滔天，那藤突然脱手化作一条龙，翻波戏浪，口中喷着水，飞天而去。外国商人吓得目瞪口呆，过了好一会儿，只好摇头叹息地走了。

相传，这条龙喷水的地方，就是今天的龙津路了。

◉地处五仙观内的禁钟楼藏匿于婆娑古木之中。（摄影：杨铖，拍摄时间：2009年3月27日）

南沙探宝有料到

南沙在广州的最南端，很长一段时间以来，在广州佬心中它都是个既陌生又神秘的地方。南沙有几笋（好），古仔有几多？讲古佬为你一一揭秘。

南沙最初叫沙埠，后又被称作南湾，因其在黄山鲁山之阳，在清代被称为南沙。如果你认为，南沙偏僻到“瀕”（粤语读“文训切”，“极度”之意），人丁单薄，那么你就错啦，南沙有人类居住的历史至少有四千多年了。经历偌长的历史，南沙自然“收埋”不少“宝”了。

南沙海产平靓好，入去市场淘下宝。识饮识食广州佬去南沙的第一件事肯定是“揾食”，到这里食海鲜就“合晒何车”了。南沙处于珠江水口咸淡水交界水域的特殊位置，这里的海鲜既有咸水鱼的肉质实、有盐鲜味的特点，又有淡水鱼的肉质细嫩、略带甜味的特点，两者融合为一，别具滋味。要淘宝，去十九涌的水产市场是最佳选择，这里的海鲜“平”（便宜）得紧要，比起在黄沙买海鲜至少省三到四成的银两。市场附近，有当地的渔民，拿海鲜给他们加工，十元左右的加工费，就可以食到渔家风味的海鲜大餐。“一百几水”（一百来块钱），三四个人都可以食到肚腩“胀卜卜”（胀鼓鼓）的了！究竟他们烹饪海鲜的技术去到边，讲古佬真的未亲自品尝过。不过，我就听一位自小在南沙长大的朋友说过，父亲经常弄河豚给她吃，吃了十几年，都未中过毒。当然，大家千万不要去冒死食河豚，我讲这个例子，不过是说明当地人处理海鲜的工艺有几高。

南沙黄阁有一宝，威风凛凛麒麟舞。平日我们醒狮舞龙就见得多啦，舞麒麟各位又见过没呢？麒麟乃中国传说的四大灵兽之一，相传孔子也是麒麟的化身。黄阁人舞麒麟，除了有祈求吉祥安康的寓意之外，还有“送子”之意。由于麒麟被视为能为人带来子嗣的仁兽，所以古人常会用“麟儿”一词来称呼别人的小朋友。舞麒麟“巴闭”（厉害）之处在于，若在场还有舞狮的，狮子要向麒麟鞠躬让路，可谓十足的“大佬”气派啊！舞麒麟和醒狮一样，也有固定的流程。舞麒麟前，先是杀鸡祭祀，然后打起帅牌大旗开路，四五十人敲锣打鼓、手执兵刃簇拥麒麟进场。麒麟按照“出洞”、“挠头”、“耍尾”、“寻青”、“探青”、“踢青”、“食青”、“吐青”、“打沙”、“吐玉书”和“游艺园”的顺序进行“采青”的表演仪式。紧接其后就是一番武术表演。

南沙神秘龙穴岛，有个山窿叫藏宝。南海老龙王，据说就住在龙穴岛。托赖大自然的鬼斧神工，龙穴岛的龙宫洞里头气派十足，奇石怪洞，胜似龙宫的各色殿房，还有一条龙形长石横卧其中。相传，龙穴岛上，还有一个藏宝洞。鸦片战争之后，出了位专门劫富济贫的公道大王、绿林好汉张宝仔。他反清抗英，打劫一艘英清合营的商船，夺宝返航，途中被清军追捕，逃至龙穴岛。张宝仔剑劈山石，劈出一个洞口，藏宝其中，并领着手下人在岛上抗击清军七日七夜，卒之壮烈牺牲。该洞后被称为“藏宝洞”或“张宝仔洞”。据说，洞里头时时传出操兵练武之声，被视为其神奇之处，但此洞至今尚未有人找到确切位置。

南沙地利天设造，据守塞要大功劳。讲起东莞的虎门炮台，很多人都知道，但其实南沙一样有炮台。虎门古炮台一共有十个，其中四个在东莞，有六个却在南沙。虎门是珠江主要入海口之一，是南方沿海地区海防的要塞。虎门炮台经历了第一次鸦片战争和抗日战争两次战争的洗礼，承载着中国军民英勇抗击外敌的历史。如今这里的大炮，大多是“来佬货”，是当年世界最先进的德国、英国大炮。如此有历史意义的地方，南沙之行又怎可以错过呢？

南沙有咁多宝，讲古佬都系顺便数一数，要探更多宝，就要大家去慢慢淘啦。

千年宫苑：药洲

在广州北京路附近、南方剧院北侧，有一座古朴优雅的园林，门匾题“药洲”二字，落款是“米黻”。米黻是宋代有名的书画家，他一生爱石，有一怪癖：见有奇异之石必定躬身下拜，故有“石癫”之称。他既为药洲题匾，不用说，里面肯定有怪事的了。

一进“药洲”之门，果见古榕树下，一泓碧绿池水，池中有几块突兀怪石，称为“九曜石”。此是南汉王刘龑强令犯人以苦役赎罪，从太湖运来的。相传运巨石的船在海上航行的时候，忽然遇到狂风大浪，大船倾斜将沉，众人大惊失色，在此千钧一发之际，忽然天上飞下一位神仙，将巨石一扶，船身复正，霎时风平浪静，转危为安。现在药洲的其中一块石头上，还留有仙人的掌印哩！

那为什么此地会叫做“药洲”呢？这里原是南汉王刘龑的行宫，他欲求长生不老，常号召众方士在此炼丹制药，宫苑小岛上遍种药物，故名“药洲”，“药洲春晓”乃是明代羊城八景之一。

从前药洲的湖面很阔，称“西湖”或者“仙湖”。湖中种满莲花，湖畔有座“爱莲亭”。相传离亭不远，住着一位姓梁的财主，有二女：大女叫菊香，二女叫莲香，年方十七八岁。梁财主的妻子早已去世，续娶陈氏。陈氏为人尖酸刻薄，经常打骂菊香两姐妹。有年夏天，梁财主外出做生意，陈氏趁机到外面招蜂引蝶，时常早出晚归。菊香两姐妹得此机会，划着小舟在湖上采莲作乐，忽遇倾盆大雨，两人急忙划舟到爱莲亭处躲避，怎知道莲香跨上岸时一不小心掉入水中，菊香大叫救命，刚巧亭中有位青年，闻声马上脱下长衫跳入水中把莲香救起来。

菊香一看这青年：“啊！原来是表哥！”此人叫文子元，与梁家是远房表亲，因家贫很少与“阔佬”亲戚梁家来往，与菊香姐妹才见过几次面，但子元才华出众、风度翩翩，两姐妹时常提起他，想不到在此相遇，感觉十分亲切，于是连声道谢。文子元见莲香全身湿淋淋，恐怕她生病，便将长衫递给莲香，自己转身叫她换上。但莲香不肯，笑道：“嗯，大姑娘穿男人衫，羞死人啦！”

不一会儿雨过天晴，两姐妹告别回家，莲香当晚就发起高烧，她后悔道：“如果听表哥的话，穿上他的衣服就没事了……”说话之间流露出对文子元的爱意。菊香听罢心内一阵酸楚，原来她也爱上了文子元，但想了整晚，决定成全妹妹，于是便以莲香之名写了一首情诗给文子元。文子元看罢大喜，经常来探望莲香，两人情意绵绵，共订白头之约。

怎料此事被陈氏知道，大骂莲香“贱格”（下贱），逼她嫁给其他“财主佬”为妾，莲香心肝俱碎，无奈投湖自尽。文子元知道她为自己殉情，痛不欲生，跳下莲香投湖之处，随心上人去了。说也奇怪，从此，这里每年都会长出一枝雪白的并蒂莲来，人们都说，这是文子元和莲香的化身！而这个发生在药洲“西湖”的故事一直流传至今。

◉药洲堪称隐没在闹市中的一片静地，当年帝王御苑今成游客歇息叹茶之地。（摄影：刘海峰，拍摄时间：2012年5月7日）

第四辑　食过寻味

有人说，广州人食不厌精，讲究饮食已到了“走火入魔”的境界。确实，辛苦揾来自在食。若要推介广州，就一定要先推介广州的“饮食精神”。

“揭盖冲水”与“叩桌谢茶”

广州人都知道揭开茶壶盖，服务员见到了才过来冲水，绝不会主动给你加水的，这已成为一个惯例了。为什么会有这样一个习俗呢？说起来又是有段故事的。

清代，在广州西门口附近的白沙巷，住着一个满洲籍的纨绔子弟，他游手好闲、好吃懒做，平时以玩鹌鹑为乐，将父亲留下的家财全都花光。

有一天，他赌钱输了，正为钱发愁，心想：“公粮又未到，这段日子怎过呢？”他挖空心思，想出一条毒计，就是向茶楼敲竹杠。

这天，他去茶楼饮茶，趁人不注意，把茶水倒掉，偷偷地把一只鹌鹑雀放在焗盅里，用盖子盖好。一伙计不知内情，揭开这盅盖准备冲水，怎知“呼”一声，一只鸟儿飞了出来，一下子便飞得无影无踪。这个二世祖就趁机要赖了，说这只鸟儿是世间罕有的珍禽，是花多少多少巨款在外国买回来的，要茶楼老板赔钱，并说如果不赔，就拉去见官云云！老板很怕这位恶少，亦不想将事情闹大，只好忍痛破财挡灾。不用说，那个伙计就被“炒鱿鱼”了。

为了吸取这次教训，后来这间茶楼明文规定：凡是要加水的茶客，一律要自己揭开壶盖或焗盅盖，以表示没雀儿在内，才给你冲水，否则不冲。

其他茶楼亦纷纷效仿，约定俗成，这个惯例一直保持至今。

各位老友记，当你斟茶给别人的时候，对方每每是屈起手指，在桌面上叩几下，以表谢意。这是流传于广州一带的风俗习惯，叫做“叩桌谢茶”。为什么有这样奇怪的习俗呢？说来是有一段“古”的。

传说乾隆皇乔装打扮游江南，并带着契仔周日清来到岭南。有一天，父子俩到茶居饮茶，见到伙计挽起一只大铜水煲给茶客焗盅冲水时，总是把铜水煲抬高一倾，只见开水像一条小瀑布似的从空中泻下，不偏不倚，点滴不泄。乾隆皇看得惊奇起来，便问伙计，为什么要提得这样高才冲呢？伙计说："斟水是这样的了，头回高撞，二回低冲，这样茶才容易出味。"乾隆皇问："这岂不是很难学？"伙计答："没什么，工多自然艺熟的。"乾隆皇一时兴起，高高挽起铜水煲便往周日清的焗盅里冲起开水来。周日清吓得魂不附体。哗！皇帝给自己斟茶，这还得了！按规矩是要叩头谢恩、三呼万岁的。但乾隆皇已有言在先，无论在什么情况下都不能暴露他皇帝的身份。怎么办呢？情急之下，就用手指在自己的茶杯边"笃笃、笃笃……"敲个不停。

事后，乾隆皇不解地问周日清："何以用手指叩桌？"周日清："父皇给臣儿斟水，臣儿万万不敢当，当时无奈，用指叩桌，以代叩头谢礼也！"

此后，这个谢礼动作在广州民间中流传开来，形成一种风俗习惯。

◉上茶楼饮早茶是不少老广州每日少不了的节目。（摄影：刘海峰，拍摄时间：2012年5月7日）

做一日识食广州人

各位老友记，如果有外国朋友问起你，来到广州如何“叹（享受）番日”，那你又会点答呢？今日讲古佬就教下路。讲到要学地道广州人那样叹下，当然就要识饮识食，正所谓“食在广州”，饮食简直就是广州人生活文化的核心部分啊。

晨早起身，最好就是吃一碗明火白粥。“大煲粥大煲粥，单料铜煲，一煲就熟”，明火白粥的背后可是有一段孝敬老人的“古仔”的。有白粥当然不够，最好配一碟正宗布拉肠，有牛肉肠、猪肉肠、鸡肉肠、罗汉斋肠，再不，可以试一下炸面肠，各有风味。如果还是嫌太过简单的话，可以去茶楼饮早茶。虾饺、烧卖、糯米鸡、凤爪、排骨、萝卜糕，应有尽有，任君选择。不过谨记，一定要告诉他们广州人饮茶的习俗：答谢别人为你斟茶，你要手指动一动，行个叩桌谢茶礼；茶壶没水，不用开口，揭开茶壶盖，自然有人添加，可谓服务周到。

午饭时间，你可以“整”碗“细蓉”（即细用，小份的）云吞面来试一下，尤其适合情侣“撑台脚”。为何这么说？相传旧时有个卖面的后生仔，为了博得一位富家千金、西关小姐的欢心，费煞思量，才创出云吞面来把女“冧”。吃着云吞面，将“古仔”一讲，包女朋友甜到心里。

到了下午茶时间，最好就是吃下广州特色的甜品啦。广州文明路、市二宫，都有几间不错的甜品店，什么杏仁豆腐花、椰汁西米露、杨枝甘露、香滑奶糊，听到都流口水啦。如果觉得天气太干燥，有几声咳的话，不妨可以试下沙湾姜埋奶，止咳清润“够晒正”啊！

晚饭时分，就太多去处了，荔湾有老字号一条街，芳村有条食街。坐下点菜，就一定要点只鸡来吃了。广州人无鸡不成宴，什么香液鸡、太爷鸡、水晶鸡、清平鸡、东江盐焗鸡，等等，各样鸡有各样鸡的精彩。

别以为晚饭结束就没后续了，广州人最爱吃消夜。消夜档在越秀区就最多了，烧烤、打煲、炒粉、炒螺应有尽有。叹完消夜，你再慢慢回去都未为迟。

在一些朋友看来，广州人真是食不厌精，讲究饮食已经到了“走火入魔”的境界，宁愿穿差一点，也要吃好一点，是不是太多了一点？讲古佬认为不然，正如广州人一句“辛苦揾来自在食”，日日忙忙碌碌，无非想生活更上一层楼，好也一餐，不好也是一餐，为何不吃好一点，何苦难为自己的“五脏神”呢？恰好是这种享受生活、品味生活的饮食态度，造就了广州人的饮食文化。所以若要推介广州，就定要先推介广州这个饮食之都的“饮食精神”！

食在“用心”

粤人好食之风由来已久，岭南的饮食文化甚至早在汉朝时期已经受到中原人士的关注。好得意的是，在古代文献记载中，都不约而同地说到岭南人的“杂”食特色。无非是说食用的动植物品种如何之多、食俗如何怪诞、食别人所不食之物，等等。似乎古代中原人用一种猎奇的眼光去窥视粤人的餐宴烹调。

鸦片战争之后，随着西方餐饮文化的传入，善于融会创新的广州人又将岭南的饮食文化推向一个新的境界。中西合璧，海纳南北，因地改良，“食在广州”之名渐渐冒出。然而，“响朵”的背后，也被人附加了一层“无所不食”的怪异气息。那是否广州佬开餐，就是怪而不怕“核突”（恶心）呢？

其实，一向敢于尝鲜的广州人，在饮食上也有很细心的一面，或者说，广州食俗也是分流分派的。勇试异物、醉心野味的大胆狂放只是其中一部分。广州人用心精于口味和以食养生的一面常常为人所忽略。

在粤菜里面，一个明显的特征就是吸收了中国传统药膳学的制作方法。最具代表性的就是老火靓汤了。不同的食材配以不同的药材，经长时间熬制成功效各异的汤。经科学证实，在烹制过程中，食物中的营养成分大量融入汤水之中，这些融于汤水的物质更易被人体所吸收。老火靓汤根据不同的时令和个人的体质来烹煮，是一种个性化、有针对性的烹饪方式，体现的正是一种贴心的关怀和以人为本的煮食理念。可以说，汤水维系着一个个广州人家的亲情。父母常会对子女讲一句：“今晚回来食饭否，煲咗好靓老火汤喔！”做子女的也常将类似的话挂于嘴边：“好耐冇翻屋企啦，好挂住妈子嘅老火汤啊（好久没有回家啦，好挂念老妈的老火汤啊）。”更有甚者，很多广州考生常不愿报读省外的学校，就是放不下家中的靓汤。几年前，听小徒讲，有一高中校长为免“汤情结”导致毕业生扎堆报省内高校，还专门开个专题动员会，力陈老火汤会导致人体尿酸过高。与其说广州人为食失大志，不如说广州人始终以坚守一种融情于水的饮食文化方式去证明自我的“存在”。

想到近来，时人感叹，用工之荒已危及“食在广州”的金字招牌，讲古佬也是颇为感触。我叹的却不是服务的失水准，而是老广饮食的味道失真。我们追求环境、服务“升呢”的时候，每每将最重要的遗忘，那就是烹饪者的用心。欧成记的靓云吞、林师傅的清汤牛杂、银记的牛肉拉肠、九记路边白切鸡……这些原本“草根”却美味非常的品牌，虽经历经营拓展、服务升级，但如今那道真味又夫复何存？盖用工荒打不掉招牌、宣传不足打不掉招牌、行业竞争打不掉招牌，此等尽皆颛臾，而祸在萧墙之内也。

忆昔日街头风味

广州在发展，广州街头的饮食文化亦在不断变迁。对于昔日的街头风味，好“讲饮讲食”的广州人又记得几味呢？如今，讲古佬带你去回味一番。

往日一逢天寒地冻，夜间那鸭头鸭翼便更具滋味啦。每当入夜，广州的骑楼底下，就响起“鸭头鸭翼”的叫卖声。小贩挽着一竹箩，竹箩里放着一只小炭炉，炉上摆着铁煲，煲里热着卤水汤汁，汁里泡的是鸭头、鸭翼、炸豆泡、豆腐干、生筋（炸面筋）、韭菜一类的东西。箩边挂着几个装酱料的小罂（罐），有甜酱、辣酱，有时甚至有芥末。小贩沿街叫卖，一叫“鸭头鸭翼”，细路们马上戏谑地和应“拍床拍席”。如果你要帮衬，点好你要的食物，档主就会在煲中取出，并将一块木砧板横架在箩口，用刀切好分量，再以竹签串好。罂中有竹片，按自己喜好用竹片刮所要的酱料搽在食物上。天寒地冻，使小小钱，食一两串热辣辣的卤味，滋味非常，尤其是食消夜的人更喜欢买来送烧酒。

冷天食热蔗亦是不错的选择。旧时的小贩将蔗切成一节一节，隔水蒸热后，放在手提篮里，盖上布，挽着篮上街叫卖。如有人来帮衬，档主立即用刀削皮、开边。当时卖蔗以“谭州大蔗”最出名。谭州在如今广州番禺区，那里出产的青皮蔗蔗身青翠，清甜多汁，是果蔗中的佳品。这种青皮蔗的特点是很脆，丢落地下就会断开几截，所以也叫脆皮蔗。卖蔗者多以“谭州大蔗”为号召，但不一定就是谭州出产的。档主为招揽生意，还想出一个推销方法叫“拗蔗须”：先将一截蔗用刀刻上一条痕，二人一人抓着一头，数三声后同时将蔗拗断，蔗断口竖着蔗须（丝），谁手中的蔗的须长，谁就得胜。后来这竟变成一种赌博方式。

游走街边的还有砂炒南乳肉。南乳肉即南乳炒花生，通常都是由失明人士所兜售。档主会先将花生肉浸泡在南乳酱水中一晚时间，再令花生风干。摆卖时，将花生放入一只装有大粒黄砂的大铁镬中炒至干脆便可食用。卖南乳肉的人，边卖边嗌："砂炒南乳肉吖喂，粒粒脆呀，南乳肉，南乳净肉脆花生——"加以那"沙沙"的兜翻砂粒的声音和镬中溢出的香气，让过往路人禁不住口水流。

有一种甜到漏的小食，最受小朋友欢迎，就是麦芽糖了。如今生活好了，买罐麦芽糖不觉得贵，而糖果如此多选择，细路仔又怎会睇得起麦芽糖呢？但在以前，它就是很不错的甜食了。档主一般是买来现成的麦芽糖然后再拿出去零售，卖时用一小瓦罂装麦芽糖，并用竹片将麦芽糖拉起，如有人来买，就把麦芽糖薄薄地拉在一支竹签上，拉几层成一朵小花。有的细路仔一次就买两支麦芽糖，把两支竹签上的糖绕来绕去，一会儿麦芽糖由黄色绕成了白色，然后再吃，这种吃法成为孩童的一种乐趣。

可惜的是，这些街边摆卖的小食，已经消失于羊城。当然，过去的终须过去，现在讲古佬怀念的只是那份味道之外所浓缩的老广情怀。

◉广式牛杂算得上是昔日广州街头小食如今硕果仅存的几味之一。（摄影：刘海峰，拍摄时间：2012年5月7日）

同粽唔同命

粽，通常是端午节的例牌食品，但广府人却用粽庆祝新年，这就是我们独特的粽文化了。

先问一下后生仔女们，粽有哪几种呢？可能真是有的后生老友，你问他星仔有几款饮品他会清楚，至于粽有几多种他真的答不出。其实粽的种类有好多，除了广东粽外，各地有代表性的还有闽南的烧肉粽、宁波的碱水粽、嘉兴的八宝粽、北京的大黄米粽、四川及两湖的辣粽、贵州的酸菜粽、苏北的咸蛋粽、海南五色粽，等等。

而广东的粽，本身也有很多种类，有咸肉粽、碱水粽、豆沙粽、裹蒸等之分。咸肉粽一般以糯米作主料，配以五花肉、绿豆、花生、咸蛋黄、腊肉等作馅。碱水粽通常没有馅料，只用经碱化糯米来做。豆沙粽则是由红豆沙作馅料的糯米粽。至于裹蒸，该当大书特书了。事关，其他的粽，都是端午节前后食用为之应节，但裹蒸食用的节日却在过年时分。

裹蒸当首选肇庆的最为正宗，但并非肇庆买到的粽都是正宗的肇庆裹蒸。正宗的肇庆裹蒸不同于一般的粽，首先它是用当地特有的冬叶、水草来包而非一般包粽的芒叶。其次，它外形独特，是金字塔形的。最后是它的馅料只有绿豆和五花肉。如果有老友记买到的“肇庆裹蒸粽”有咸蛋黄的话，一定不是正宗的了。一只做工上乘的肇庆裹蒸粽，必须入口松软，绿豆糜烂，五花肉入口即化，食用时即使不点酱油一样够味。

每逢年三十前夕，旧时的肇庆人都会在家门口摆放一个圆柱形的铁筒蒸炉，将粽放入蒸炉蒸熟。因为是用圆筒包裹来蒸煮，因此得名叫裹蒸。裹蒸是最地道的叫法，裹蒸粽其实是后来才有的外行称呼。蒸煮过程中，全家大小围坐蒸炉旁借蒸炉的热气以取暖，大家闲话家常，乐也融融。所以，裹蒸除了食用的作用外，还有着拉近人与人之间距离的文化作用。

一般的粽，有一个关于屈原的传说，但裹蒸则是和一个爱情故事有关。相传，端州有一对后生仔女，男的叫阿果，女的叫阿青，阿青父母认为阿果只是一介书生，无财无势，不允许女儿和他相爱。为此，阿果立志发愤图强赴京城考试。临别前，阿青送来连夜用冬叶包裹的糯米绿豆饭团给阿果作路上的食粮。后来，阿果高中状元，皇帝欲招为驸马，阿果不从，皇帝就将他囚禁。阿果每日手摸饭团而泣，公主问其故，阿果说："糟糠尚不弃何况饭团呢？"公主大受感动，于是放阿果归乡，得以与阿青成婚。后人为纪念这对后生仔女，纷纷仿效阿青的饭团的做法，并且以两人的名命名，叫"果青"。

原来粽都有这么多种，而且不是种种都是端午才食的，真可谓同粽都唔同命啊！

腊味飘香

俗语有话："北风起，食腊味。"每逢寒冬之际，炮制一煲正宗的广式腊味饭，香喷喷，食下肚，热烘烘，想起亦都口水流。今期讲古佬就讲讲广式腊味的古仔，聊以望文解馋一回。

广式腊味是中原腊制食品和腌制食品的本土化产物。中原腊味的历史，先秦时已有记载。由于肉类在古代是比较珍贵的食品，当时的人们就发明了晒肉干这种最古老的肉类保存方法。这些加工后的肉类有"腊"、"脯"、"修"等相应的称谓，《周易》、《诗经》、《周礼》中都能找到有关记载。而腌制工艺在宋代以前已经出现。

直到唐朝，有广东特色的腊味出现了，当时的广东腊味是在京都腊味的基础上创制的，但风格并未定形。唐宋时期，到广东经商的阿拉伯人、印度人又将当地的灌肠食品传入广东。灌肠食品的制作工艺与本地的腌肉技术结合，便形成广式腊味了。至于广式腊味的发源地，讲法亦很多，有的说是出自中山黄圃镇，有的说来自清远连州。

广式腊味由米酒、生抽酱油及砂糖腌渍入味之后风干而成，讲究的是酱香味、腊香味、酒香味"三味"。腊味三大代表是腊肉、腊肠和腊鸭。若是做腊肉，就需选用新鲜的五花肉，再将其切成肉条，用热水烫过，用盐和糖涂抹肉身，拌匀后加入酒、生抽、老抽腌入味。最后在自然环境下"生晒"（风干）而成。至于腊肠，通常选用猪后腿的瘦肉，加些肥肉粒。制作过程基本一样，但就在风干之前多了一步灌肠，即将肉碎挤入肠衣后扎紧，针刺出水，再焙。腊肠的品种有很多，有生抽肠、老抽肠、鸭润肠、瘦肉肠、猪心肠、鲜虾肠、冬菇肠、鱿鱼肠、玫瑰肉肠、牛肉肠、东莞腊肠，等等。腊鸭，通常是用原只鸭做成的，比起腊肉制作，它少了一个上色的步骤。

除了腊肠、腊肉、腊鸭外，还有腊猪头肉、腊鸡、腊鱼，甚至腊狗、腊田鼠都有。但不说你不知，从前广东所腊之物，分分钟令你想不到，例如腊孔雀。南宋周去非《岭南代问》中有这样一段记载：“深广及溪峒人，不问鸟兽蛇虫，无不食之……顾乃酢鹦哥而腊孔雀矣。”你话出奇不出奇？而用腊味烹调的菜式，更是变化多端。常见的有腊味煲仔饭、芥兰炒腊味、腊味炒饭、腊味萝卜糕、腊味焖萝卜、腊味炒荷兰豆，等等。

广式腊味在我们广府地区亦生出一些地道的俗语，例如有一句“腊猪头——死撑”。腊猪头时要用竹枝支撑着猪头风干，当然，这猪头是死了的。此句就用来形容人至死不认输，故作强悍。广府人戏称人上吊，就会说是“挂腊鸭”，比喻非常形象，不信，你去腊味铺看看，那些腊鸭是怎样被人吊着出售的。如果有人长得嘴唇特厚而且唇色暗沉，那就是“孖润肠嘴”了。润肠即腊鸭肝肠，广府人称为鸭润肠或简称润肠，咖啡色，粗粗胖胖的。“讲多无谓，食多会滞”，我们还是趁着寒冬，叹下腊味最实际！

◎广州某老字号腊味铺悬挂的广式腊肠。（摄影：刘海峰，拍摄时间：2012年5月7日）

沙河镇三大特产

广州沙河镇有三大特产：沙河粉、白云猪手和吊丝丹。关于这三样特产，它们都有着一段故事。下边，讲古佬就带着各位一起去看个究竟。

好食和尚与白云猪手

广州沙河镇有个名牌菜式叫白云猪手。把猪手猪脚煮熟，经白云山水泡浸，再用白醋、糖等佐料浸制而成，酸甜爽口，十分好吃。

古时白云山下有座寺庙，其中有个做饭打杂的小和尚，他调皮活泼又馋嘴，不信佛门清规戒律那一套。他出身贫苦家庭，从小喜欢吃猪肉，但家里没钱买。他出家后做杂工，为和尚煮饭，便趁此便利，上街买菜时省下一些银钱，买些荤菜回庙偷偷煮着吃。因银钱不多，他只能买些最便宜的猪手、猪脚之类，在其他和尚出门时，他便可以开斋了。

有一天，师父和几个师兄下山做法事，小和尚十分高兴。等他们一出门，便偷偷下山买了几斤猪手、猪脚放在锅里煮，准备美美地吃上几天。谁知有个大和尚拉肚子，突然回来了，小和尚心里一慌，于是连锅端起，哗啦一下子全倒在后门的山涧中去了。幸好倒得快，那个大和尚也没发现什么。

又过了几天，大和尚病好了，又出外去了。小和尚想起倒在山泉里的猪手、猪脚，捞起来一闻，没有变坏。他想，猪手、猪脚在水里浸了这么久，虽然没臭，也肯定不新鲜了，可是扔了又太可惜，于是买了些糖和白醋，把从山泉里捡起的猪手、猪脚重新煲过。岂知猪手猪脚被山泉泡了几天，把油都泡净了，煲好一尝，不肥不腻，又爽又甜，醒胃可口，小和尚又惊又喜。于是，凡寺庙和尚外出，小和尚都在庙里大饱口福。

后来，这种制作猪手、猪脚的方法传到民间，人们便如法制作，成了很有特色的“白云猪手”了。

沙河粉的传说

清朝末年，广州沙河镇有间小饭店，叫“义和居”。店主叫王义和，为人老实善良，经常周济穷苦的街坊，可惜他厨艺欠佳，故此生意很平淡。

一天，王义和正在店中干活，忽然听到门外“扑通”一声，连忙出去一看：只见一位矮个老人，衣衫褴褛，跌倒在地，面色青白，直冒虚汗。王义和知他是饿晕了，连忙叫妻子阿香端碗粥来给他喝。老人摆摆手，操京腔道：“我没钱。”“老伯，不收你钱，身体要紧，喝吧！”老人接过，喝了一碗又一碗，连声道谢。王义和说：“老伯，如果以后找不到吃的，就来我处吧！”老人再一次致谢，告别而去。

从此，老人每隔一两天，必来义和居讨吃，王义和一点都不嫌弃他，两人渐渐熟络起来。有一天老人说：“王老板，恕我直言，你炒的菜搭配得不好，方法也不对。”“咦，你也晓得怎么烧菜？”老人点点头，亲自下厨示范。王义和一尝，果然好吃，于是按老人的方法去做，食客个个赞好，生意逐渐好起来。

一天，老人又来到义和居，正是饭市时候，但店门关着，王老板病了。老人上前问候，王义和说：“吃什么都没胃口，已两天没吃东西了。”“这怎么成？不如蒸些粉吃吧。”老人磨好米浆，放在大锅上蒸熟，稍凉后揭起粉皮，切成条，用葱花、姜丝调过味的豉油、熟油等拌匀，一碗香喷喷的粉就做好了。王义和一吃，又美味，又爽滑，胃口大开，连吃两大碗。他忽然灵机一动，不如专卖此粉，岂不是更有特色？于是他用白云山水来制，此粉又薄又韧又可口，大受欢迎，生意十分兴旺，镇内饮食店亦争相仿效。因此粉是出自沙河镇的，故称沙河粉。

王义和不忘老人的大恩，带着一包银子到他栖身的破庙作谢。但老人说：“现在不怕了，我想返回故乡天津。”王义和始终觉得他很神秘：他从前怕什么呢？

原来老人以前竟是宫中御厨，只因性格耿直，不慎得罪慈禧太后，侥幸逃出北京，自此隐姓埋名，四处躲避追缉。这次他来到羊城，生活无着，遇到王义和这位好心人周济，便把制粉方法传授给他。后来，沙河粉就成了广州的名食美点。

“吊丝丹”的传说

吊丝丹是一种竹笋，爽甜可口，远近驰名。为什么它的名称这样奇特呢？

相传从前广州白云山下，住着阿泉和阿娣两夫妇，他们以打柴为生，夫妻恩爱，日子过得很开心，但遗憾的是，人到中年，还未有一男半女。

一天，阿娣担柴去镇上卖，忽闻小孩哭声，一看，是个小男孩，四五岁左右，衣服沾满泥浆。阿娣十分疼惜，上前细问，知他和妈妈走失了，便替他买套新衣换上，并买两个饼给他吃，要他在原地等候。

不久，一妇人叫着走来：“阿猪——”“妈妈！”小孩应声扑上前，妇人见他全套新衣服，还吃着东西，惊问其故。小孩指指阿娣说：“是阿姨买给我的。”妇人连声道谢，阿娣笑着说：“不用谢，我因无仔，故此见到人家的小孩就很欢喜的！”“你这样好心，菩萨保佑，你定会有仔的！”

说也凑巧，阿娣回家不久便怀了孕，后来生下一个白白胖胖的男孩，两夫妇宝贝得不得了，给他取名叫阿宝。

阿宝三岁左右，两夫妇常带他上山打柴，让他在草地上玩。阿宝捉蜻蜓、扑蝴蝶，玩得很开心。一天，阿宝追一只山麻雀，一脚踏空，“呀”的一声跌落山崖，两夫妇闻声急忙跑到崖下，抱起阿宝，只见他眼睛紧闭，口角流血，已气绝身亡了。两夫妇肝肠寸断，哭到死去活来。

刚好太上老君和赤脚大仙腾云驾雾在上空经过，闻下界悲声传来，赤脚大仙按下云头一看，便知何事。他问太上老君有没有仙丹，老君说没带葫芦，搜遍口袋摸到一粒，但怎样给他们呢？大仙便拆下衣服中的一条丝线，绑着仙丹吊下去。阿泉忽见一粒金光闪闪、异香扑鼻的丹药吊下来，知是天上神仙送来的，连忙摘下喂阿宝吃，阿宝随即把腹中淤血呕吐出来，终于得救。两夫妇望空拜谢而去！

翌早，在阿宝呕吐过的地方长出很多竹笋，锄回去煮食，鲜嫩爽甜，别有风味。沙河村民纷纷引种。因是神仙用丝线绑着丹药吊下来然后长成的，故取名“吊丝丹”。

莲香楼与广式莲蓉月

广式月饼因其品种繁多、质量上乘、口味独特，为大众青睐。难怪有这么一句：月是中秋明，饼是广州靓。广式莲蓉月可谓就是广式月饼的一大特色品种，关于它的创制还有这样一段故事。

在清代光绪年间，广州西关有个叫陈维清的人，开了一间饼铺，以擅长制售婚礼糖饼出名。陈氏心善信佛，与光孝寺的僧人素有往来。一日，陈氏到光孝寺礼佛，顺便带了一些礼饼，去拜会寺中的火头僧斋和尚。斋和尚是光孝寺中最擅长烹制各地名素菜的师傅。两个人见面后，陈氏就赠饼给斋和尚吃。斋和尚尝过之后，微微一笑，礼尚往来，也送还一盒斋品给陈维清。且说，有一天，陈维清闲来无事在家中品茶，就叫家人（即家中仆人）阿福拿些饼来吃。陈维清吃了一口，觉得与往日所吃到的饼味道大有不同，不禁“咦”地叫出声来，说：“阿福，我们铺里面好像没卖过这种饼啊，你从哪里弄来的？”阿福笑着说：“老爷，你忘记啦，这些饼是前几天老爷您从光孝寺带回来的。”陈维清想了想，一拍脑袋：“啊，我想起来了，是我拜会斋和尚时，他作为回礼送给我的。阿福，备轿！”“是。”

陈维清马上沐浴梳洗，更换冠袍，带着阿福，直往光孝寺进发，再次拜会斋和尚。见面施礼过后，陈维清开门见山说：“今日在下是特意来向大师您请教斋饼的秘密的，还望大师不吝赐教。”

斋和尚听说，哈哈大笑：“陈施主，此法历来是佛门制饼的秘技，很少向俗家传授。不过，既然施主为此专程来到，我佛有言‘精诚所至，金石为开’，也罢，来来来，我现在就带你去看一看，可以马上见分晓！”

“好好好，谢谢大师。”

斋和尚带着陈维清进到厨房。到了厨房，陈维清可谓大开眼界，厨房一只大铜锅就已经够“架势”（厉害）啦，比人还高，宽八尺有余。原来，斋和尚制饼，其秘密在馅料，须用精选的湘莲子，饼馅就用这个大铜锅文火细烹。斋和尚手把手地将妙法一一传授给陈维清。陈维清很感激，连声谢过，斋和尚笑说：“陈施主，你何须言谢？其实此法，不秘亦秘，秘亦不秘，全在一个‘缘’字。施主是有缘人，自然可得，哈哈。”

陈维清回到铺中，就如法制饼。因为这种饼吃着甘甜可口，别具清香，不油不腻，一推出市面，就大受欢迎，客至如云。后来，陈维清又在这种制作方法上加以改良，创制出莲蓉月饼，一样大受欢迎。凭借着莲蓉月饼，陈维清的生意越做越好，他索性就将饼铺改名为“莲香楼”。莲香楼现在已经是闻名天下的广州制饼老字号了。

神奇的杨桃

相传从前广州花地有个大婶姓杨名桃，丈夫去世得早，膝下无儿无女，孤单一人，在屋前种些茉莉花和素馨花，用竹丝把这些小花串成一串串，再扎成花灯花球之类的玩意，拿到街市上卖些钱来度日。她手艺精巧，远近驰名。

这年的乞巧节前夕，广州知府的几个女儿相约在乞巧节那天热闹一番，决定在花园每棵树上都挂满鲜花做的工艺品。于是知府派人找到杨桃婶，要她在乞巧节当天交出一千件鲜花饰品，如不够数，就要坐牢。这可把杨桃婶难住了，这鲜花饰物只能提前一天做，做早了会枯萎，可一天之内怎么可能做出一千件饰物呢？到了乞巧节的前一天，杨桃婶不吃不喝不睡，整整做了一天一夜，也只做出了一百多件。第二天官府就要来取了，做不出来可怎么办呢？杨桃婶急得放声痛哭。

哭声惊动了天上的七位仙女，她们下到凡间，问明原因，决定帮杨桃婶一个忙。于是几位仙女飞回天宫，问掌管星星的北斗星君借来星星，挂在杨桃婶家的树上，几个姐妹借着星光，不一会儿便做出了一千件鲜花饰品。杨桃婶高兴极了，正要道谢，几位仙女已飘然而去。她们挂在树上的星星来不及取走，结果变成了一颗颗星状的果子。后来村民们摘来吃，发现爽甜多汁十分好吃，也不知是什么果子。因为果子是在杨桃婶的树上发现的，于是人们就叫它杨桃。

从此之后，杨桃总是在农历乞巧节前后成熟，花地村民为了纪念七位仙女，于是把它摘下来拜七姐，也把杨桃称为“七姐果”。一般的果树，一年只有一次收成，可是杨桃到了九月，又再次开花结果。因为九月是北斗星君诞，人们又认为杨桃是星星变的，所以也用它来拜北斗星君，又称“拜斗果”。到了割晚禾的季节，杨桃再次开花结果，又称“割禾红”。隆冬腊月，北风呼呼，人们惊喜地看到杨桃又开花结果，于是又把它称为“雪稔”。

各位老友记，杨桃一年能有四造的收成，你说它是不是很神奇呢？

第五辑　岁月风云

广州是一座英雄城市，近现代轰轰烈烈的革命风云，在此留下了辉煌的过去。英雄的史迹，令人缅怀追思，肃然起敬。

白云山上郑仙岩

不用山僧导我前，自寻云外出山泉。
千嶂古木临无地，百尺飞涛泻漏天。
昔日菖蒲方士宅，后来薝卜祖师禅。
如今只有花含笑，笑道秦王欲学仙。

这首诗是宋代文学家苏东坡被贬岭南时，游览白云山郑仙岩而作。相传秦始皇欲长生不老，听方士说，广州白云山上有一种九节石菖蒲，吃了定能成仙。于是秦始皇便命民间神医郑安期前往采摘。

郑安期是山东琅玡人，精通医术，常常身穿布衣背负药囊，遍采名山圣药，专为穷苦百姓治病，治好后分文不收，飘然而去。所以虽然他常常萍踪无定，但他的大名却一直在民间广为流传。这次他在御林军的监护下登上白云山。据说这种仙药白天看不到，要在半夜上山，隐约见草丛中有一点亮光，马上叫神箭手射出一箭，把这点亮光钉住，然后白天再寻箭找药。郑安期如此这般，终于寻着一株，心里非常高兴。他想：自古名山多圣药，九节菖蒲定可寻，不知这九节菖蒲的味道、药性如何呢？让我先尝一株，再采一株献给皇上吧。于是他把这株菖蒲嚼烂吞下。但想不到此后他找遍整个白云山，再也找不到这种仙药。他这才知道仙药难寻，整座山可能只有这一株了。

郑安期此时绝望极了，要知道偷吃了皇帝的仙药，那可是要杀头的。他想来想去，再也想不出什么办法，于是决定一死了之。他走上白云山顶，长叹一声，纵身跳下。可就在这时，奇迹出现了，只见山谷中一只白鹤冲天而起，一下子驮住了郑安期。郑安期骑着白鹤，飘然升仙，只听他在云中吟道："九节菖蒲出此山，无心采尽不复还。若问安期何所往，白云山上石中岩。"

后来，人们为了纪念他，便把白云山的云岩改称“郑仙岩”，并在附近建了一间“郑仙祠”来供奉，还把他升仙的那一天（农历七月廿四）定为“郑仙诞”。以前，每逢郑仙诞，广州百姓都会络绎不绝来参拜这位关心民间疾苦的医士。

◉以往每逢郑仙诞，广州人都会去到白云山上“红尘不到”一带席地而睡，称为“打地气”。其时，最欢喜者，莫过于卖席的商贩了。（摄影：刘海峰，拍摄时间：2012年5月7日）

白鹅潭畔英雄传说

相传在明朝的正统年间，顺德冲鹤堡有位孤儿，姓黄，四岁便没了父母，被一个俗家姓萧的和尚收养，故大时取名叫黄萧养。他见百姓在水深火热之中，而贪官污吏横行霸道，为了生存，他便率领乡亲，抗捐抗税，劫富济贫，官府对他又怕又恨，出重金悬赏捉拿他。后因叛徒告密，黄萧养被捕入狱，判了死罪。同在死囚牢中，有个江西商人，见黄萧养所睡的竹床由黄变青，还长出几片竹叶来，知道他是个非凡的人，于是对他说："你看，死竹都能返生，难道我们等死吗？"黄萧养点头称是。于是他们秘密串通监狱内外的人，在一个风高月黑的晚上，劈开牢门，带领百多犯人，冲出监狱，和外面接应的兄弟一起，抢夺了不少兵器，浩浩荡荡返回冲鹤堡！

到了老家，黄萧养揭竿起义，一呼百应，义军所到之处，开仓赈济，严惩贪官，深受百姓欢迎。不少穷苦青年纷纷投到义军之中，很快发展到十万人，声势浩大，攻克了广州城南。黄萧养被称为"顺天王"，天天操练人马，准备直捣京城，夺取大明江山。

有一晚，黄萧养梦见有个神人对他说："如果军营外面那棵竹子长到与你齐眉高，你就向北方发箭，定能射穿皇帝心窝，江山就是你的了。"

天一亮，黄萧养就去看那棵竹子，唉，只是初生竹笋，几时长到齐眉呢？黄萧养天天都去看那棵竹，心急地说："竹子啊，你快些长高吧！"可是竹子慢吞吞地长，一尺、两尺……有一天，黄萧养迫不及待，跪在地上："竹子，我求求你了，快快长高吧！"这一跪，竹梢刚刚齐眉，黄萧养高兴得跳起来，向北方"吱——"地射了一箭，这箭飞越万里长空，飞向皇宫，"啪"的一声插在皇帝御座的靠背上，可惜早了些，皇帝尚未上朝。当皇帝登殿时，发现此箭，箭杆上写着“黄萧养”三个字，吓得魂飞魄散，传令几省兵马，合力围剿黄萧养。

黄萧养临危不惧，血战了几日几夜，冲出重围，官兵紧追不放，乱箭射出，只见黄萧养手执宝剑，挡开来箭，叮叮当当，乱箭纷纷落地。一直打至傍晚，黄萧养疲倦了，战马受伤，他右臂亦中了一箭，只得弃马奔逃。只见茫茫大水，挡住去路，正是前无去路，后有追兵。将军焦急地叫道：“渡船啊，你在何方？”但是江风无言，江水不语。黄萧养怒了，拾起一块石子，向江中一掷，奇迹出现了，有两只雪白的天鹅，箭一般向他游来，伸颈拍翅，向他喊道：“将军，骑上来吧！我救你脱险。”黄萧养就跳上鹅背，白天鹅背着他，越游越远，消失在烟波之中。

黄萧养失踪了，但这两只白天鹅还时隐时现，于是后来人们就称这一带水域叫白鹅潭。

杀人十八甫

广州西关有第二甫、第三甫……一直到十八甫，唯独没有第一甫，但有第一津，为什么？人们说起第一津，便会说："第一津——冇甫（谱）。"广州有句俗语："人好你话好，唔识花共草，行到第一津，完全冇晒甫（谱）。"

这些"甫"字号的地点怎么来的呢？

相传，清朝初年，平南王尚可喜率领清兵攻占广州城，沿途遭到民众的截击，特别是清兵开到广州市郊龙眼洞时，损兵折将，伤亡惨重，几经艰险，才攻陷了广州城。尚可喜发誓要血洗广州以作报复，准备下令杀人三日，从西门起连杀十八铺路，以解心头之恨。当时有一个良心未泯的幕僚王湘泉得知内情，大惊失色，心想："一铺路就是十里路，十八铺就是一百八十里，血洗十八铺，广州不知有多少人死在屠刀下咯！我怎样能避免这场浩劫呢？"万分焦急之际，他突然想到：古代的"甫"与"铺"相通，我何不以"甫"代"铺"，这样可以减少伤害无辜。

王湘泉马上叫来几个心腹士兵，向他们如此这般交代一番，要他们秘密赶制十几块木牌，写着"第一甫"、"第二甫"，一直写到"十八甫"。然后连夜拿去立标志。从第一津起，因原有个一字，算是"第一甫"，不立牌；横过一条街，钉上"第二甫"；过二三十米，又钉"第三甫"；转个弯，又钉上"第四甫"；当钉到"第九甫"时，发觉这条街很长，怕引起怀疑，聪明的士兵当机立断，以六脉渠为界，分为"上九甫"和"下九甫"，即现在的上九路和下九路。这样，"甫"是地名，而不是实际路程，起码不用死这么多人了。经过一夜奔波，总算将"十八甫"的木牌钉完了。

第二天，执行"杀人十八铺"的清兵不熟悉环境，不知底细，果然杀到钉有“十八甫”的木牌处便罢手。

其他百姓听闻清兵屠城，仓皇跑到六脉渠的暗渠中躲避。怎知那天刚好下了一场暴雨，六脉渠水陡涨，不知淹死多少在渠中避难的百姓。这就是广州历史上的“杀人十八甫，填尸六脉渠”的惨案。

至于地名中的“甫”出处在哪儿，后人的解释有几种。

有人认为是指“村庄”，因为现存地名中“甫”字与布、埔、圃、浦、步等字，都是古越语中“村”的译音，无论是广州的黄埔、东圃，还是从化的江浦都是指村庄。

也有人认为是指“店铺”，因为在明代史料中，广州的“甫”均写作“铺”。明代时，西关一带“商业店铺特别集中而整列排成‘铺’”。后来，人们将“铺”简化写成“甫”。

曾有人认为“铺”是明代的“商人自卫组织”，那时广州和佛山的商人为了防盗贼，成立了民间自卫组织——铺。“十八甫”就是源于广州西关的商人成立的十八个商业自卫组织。更有一种看法认为“甫”是指“埠头”。因为西关带“甫”字号地名，从第二甫开始，而没有第一甫，只有第一津。津是指渡口，渡口必有埠头，明代的珠江河岸在西关。

不管出处在哪，从第二甫到十八甫的地名一直沿用至今，而第九甫和第十甫，现已成为闻名遐迩的商业步行街。

壮哉，陈子壮

明朝末年，广州西部沙贝乡有一少年叫陈子壮，他勤奋好学，聪颖过人。有一年中秋佳节，陈子壮的祖父与乡亲在祠堂门口赏月。怎知天公不作美，乌云盖月，大为扫兴。子壮祖父叹道："天公今夜意如何，不吐银蟾吐碧波。"正思索如何续下去，只听旁边有童声朗朗应道："待我明年游上苑，榜花恩典问嫦娥。"真真口气非凡，四座皆惊。众人一看，正是神童陈子壮。祖父暗喜，从此着力栽培。果然陈子壮从秀才、举人直至高中探花，传为佳话。

怎料好景不长，清兵入关，大明江山破碎。身为礼部尚书的陈子壮与张家玉、陈邦彦等高举义旗，率众反清。陈子壮身先士卒，英勇抗敌，无奈终不敌众，不幸被俘。清朝将领许以高官厚禄，诱他归降。但陈子壮不为所动，高声骂道："我头可断，志不降。"清朝将领越听越气，大喝："如不降，立即处死。"陈子壮横眉冷对，阔步走向刑场。临刑前给乡亲留下几句话："田可耕，不可置；书可读，不可仕。"即是说：不要买田置地坐享其成，读书要明志，不要做清朝的官。清将被气得半死，于是大叫要拿锯来锯死陈子壮。刽子手把陈子壮按倒，用大锯在他身上来回锯，因身体摇动，锯了半天，还没把陈子壮锯死。陈子壮哈哈大笑："蠢材，你们只会作威作福，连锯人都不会，难道你们不知道锯人是需要用板的吗？"刽子手这才明白其中道理，急忙用木板将陈子壮夹住来锯。因为当时行刑是要击鼓三声的，陈子壮面不改色，听着鼓声吟道："擂鼓三声急，西山日影斜，黄泉无旅店，今夜宿……"还有"谁家"二字未及吟出，便断气身亡。

乡亲们含着悲泪，把陈子壮的忠骸护送回本乡，择地安葬。从远处看过去，附近所有的山冈都向陈子壮的墓地倾斜，似在向英魂致敬。后人将他和陈邦彦、张家玉并称为"明末岭南三忠"，永留史册。

梁天来与包公庙

如今广州西来初地所在，以前曾经有一间包公庙，旧时广州人都说它很灵验，里头泥塑木雕的包公像一样能为民申冤。

话说清朝雍正年间，广州石井财主凌贵兴为争一块风水宝地，火烧梁天来的祖屋，搞出九命奇冤，还用大量金钱买通广东有关官员，使梁天来告状失败。

梁天来为打官司，心力交瘁，几个月都没理发修面，胡须长到胸口。有一天，他垂头丧气地走过广州西关，怎知冤家路窄，凌贵兴迎面而来，他张手拦住梁天来，得意地道："喂，你还告我不？有无钱买状纸呀？如无钱，我凌贵兴可以借给你！"梁天来没睬他，瞪了他一眼，低头就走。凌贵兴更得意了，用折扇敲了梁天来两下脑袋："哈哈，任你上天告玉皇、下海告龙王、入地告阎王、上京告雍正，都告不倒我的！"说罢大摇大摆地走开了。

这句话提醒了梁天来：好，我就上京告御状！我总不信你连皇帝都能买通！但这谈何容易呢？唉，如果包公还在世间就好了。这时他忽然想起西来初地街内有间包公庙，何不请他指点迷津呢？于是他就转入街去。

凌贵兴暗中跟着他，见他入了庙，就叫来几个乞丐，每人给二钱银，说如果有个胡子长到胸口的人出来，你们就打他个半死。乞丐一声答应，在庙门口等着。

且讲梁天来对着包公神像参拜，喃喃祷告："包爷爷，我为了九命申冤，准备上京告御状，但不知能否成功，请你老人家明示：如果能成，那两只杯就竖起吧！"

看官，"较杯"是拜神用的一对榄形器物，掷在地上看它俯仰来预测吉凶，但它是两头尖的，又怎能竖起呢？

说也凑巧，梁天来一掷较杯，哈，一只弹到脚边挨着竖起，一只弹到天井石隙中直立插着。梁天来高兴极了，捧起烧着的元宝纸，边拜边说："谢谢包公爷爷、谢谢包公爷爷……啊——"原来他一不小心，把胡须烧短了。

当他走出庙门，准备打人的乞丐见他的胡须很短，以为不是这个，由他走了，反将后面走出来的长须庙祝打到叫救命！

再说，包公庙一行，梁天来有了信心和勇气，决定上京告御状。凌贵兴估到他有此一着，便买通了上京出广东的必经之地——梅岭的士兵，并将梁天来的画像交予士兵，吩咐一旦发现有此等模样的人，就马上杀了。他又恐其匿藏于货物之中，便又嘱咐，但凡过往货物，必须以刀剑插入，即使躲起，亦难保性命。

果然，梁天来藏身于一运送茶叶的马车之内，蜷缩在一茶叶箱中。马车到达梅岭，被官兵截停，拔剑插入茶叶箱，插完一箱又一箱。眼看就快插到梁天来所在的这一箱，谁知，忽然天色大变，骤降暴雨。士兵纷纷走避，躲入哨房避雨。车夫见他们没再检查，扬鞭而去，顺利过关，梁天来亦因此得以保命。

离开广东，梁天来又历尽艰险，终于去到雍正皇帝面前，诉尽冤屈。雍正勃然大怒，惩治了凌贵兴和一众受贿的官员。

梁天来认为，自己的冤情之所以得到申雪，全凭包公庙的包公神像所给他的信心和勇气，于是请人打造了一块写有"沉冤昭雪"的牌匾，挂在包公庙那里。于是，人们都说，死后的包公都能为民申冤啊！

到了今天，西来初地的包公庙已不在了，但有些上了年纪的广州老西关说起它，还会说一句："我细个个阵响哩度偷过神台啲利市咖（我小时候去那里偷过神台的红包呢）！"至于梁天来的故事，后生一辈更是知之甚少，不过提起这个名字，广州石井一带的村民有不少中年人还依稀记得："啊！听过，我爷爷以前跟我说过他的故事！"

“钩鼻章”救粤剧

话说在清代咸丰年间，粤剧艺人李文茂起义失败，清廷下令禁演粤剧。这回粤剧艺人惨了！想加入外江班演出，因戏路、流派不同，人家很难接纳。有的无奈要演地摊戏来糊口，官差一到，就鸡飞狗走；有的在街头演戏时，在戏服上贴着“借衣乞食”的字条以博同情；有的“挂羊头卖狗肉”，冒认是京剧班。虽然过去的粤剧是唱“戏棚官话”，但与京剧总有区别，每演一场都胆战心惊，恐人识破。

且讲到了同治年间，番禺沙湾有位少年，姓何名章，生得容颜俏丽，而且很喜欢唱戏。因家道贫穷，在粤乐名家何柳堂的爸爸何博众家中当书童。何博众见他有天赋，于是培植他当上一名男花旦，因他鼻尖生得高，似洋人，故得艺名叫钩鼻章。

有一次，两广总督瑞麟的母亲七十大寿，演戏助兴。台上演的是《贵妃醉酒》，钩鼻章扮杨贵妃，演得相当出色，全场喝彩、掌声如雷。但瑞麟母亲却摇头叹息，竟然流下泪来，戏未演完，突令停演，指名要钩鼻章到自己内室。众人都莫名其妙，班主更觉大祸临头，率众返回红船，等了整晚，也不见钩鼻章回来，莫非他有什么意外？

第二天一早，班主和几位老倌硬着头皮，到总督府探听情况。只见钩鼻章竟然穿着女服如府中小姐貌来接待。班主惊问其故，原来瑞麟有个妹妹，母亲很疼爱她，不幸最近得病身亡，老太太思女心切，一见钩鼻章的容貌举止与女儿一模一样，于是叫停演，要钩鼻章当自己的“男契女”，以慰老怀。钩鼻章哪敢不应承呢？

班主灵机一动，悄悄地对钩鼻章说：“你既然与总督有这种关系，何不请求他解禁粤剧呢？”钩鼻章点点头，果然对“契哥”说出粤剧艺人生活之苦，况且事隔这么久了，请予开禁。瑞麟看在母亲和这位“男契妹”的分上，答应下来，并奏知朝廷获准。从此粤剧就名正言顺地大行其道了。

◎当年钩鼻章与邝新华所题“有志竟成”的匾额至今仍存于广州恩宁路的八和会馆内。（摄影：刘海峰，拍摄时间：2012年5月7日）

状元变榜眼的朱汝珍

各位，我们广东出过一位榜眼，叫做朱汝珍。他原本是中国科举考试的最后一位状元来的，但后来却降为榜眼，为何会这样呢？其中是有一段令人意想不到的离奇的“古仔”的。

话说，在光绪三十年（1904年）的甲辰恩科会试后，主考官已经定好了：状元，是广东清远的朱汝珍；榜眼，是广东番禺的商衍鎏；探花，是直隶肃宁的刘春霖。只剩下最后一关，就是将名次呈给慈禧太后钦命。这只是程序上的做法，一般都会按回原来的名次。

主考官将三份试卷按状元、榜眼、探花的顺序，由上至下叠放好，呈给慈禧看。慈禧一看，状元的那份放在前面，是广东的，心里很不满。因为在她看来，洪秀全、康有为、孙中山这些“逆首”都是广东人。她再一看，状元是姓朱的，“朱”是明朝的国姓，而且名字有个“珍”字，又使她想起自己亲手处死的珍妃，慈禧心里面就很反感。她又看看第二份，是榜眼的，心想：嘿，怎么榜眼又是广东人！但是，当她看到第三份——探花，一看，叫刘春霖。她很高兴，心里想：春，是春风化雨；霖，是普降甘霖！刚好那个时候，河北一带发生严重的旱情，农民颗粒无收。慈禧认为，如果有“春霖”这个状元出现，就可以给大家带来希望。她再看看他的籍贯，是肃宁。慈禧眼珠一转，暗说道：“肃，是肃静；宁，是安宁。很有吉祥的味道啊！”那一年，恰逢慈禧的七十岁寿辰，有吉祥的事物出现，她当然高兴了。于是，她就将刘春霖的试卷一下抽出来，“啪”的一声，搭在了朱汝珍那份试卷的上面，一句话也没说，转身就走了。

当时主考官满脸愕然，不过也没办法，唯有按照“老佛爷”的指示去做。

故此，刘春霖就成了中国历史上最后一科会试的状元，朱汝珍就降为榜眼。

事后，商衍鎏对朱汝珍说：“我从第二名降到第三名就好闲（没什么大不了），但你从状元降为榜眼就差得远了。”朱汝珍无奈，只好摇头苦笑一下。怎奈刘春霖的名字，在此等情况下比自己的名字好得多！怪不得俗语有句“唔怕生坏命，最怕改坏名”了。

黄飞鸿的“兜巴升”之恋

一代武学宗师黄飞鸿的大名，相信无人不识。在他传奇的一生当中，有一个传奇的女人，名字叫做莫桂兰。她伴随黄飞鸿走到人生的终点，又在黄飞鸿死后12年，为完成先夫遗愿，在香港开设武馆，教授黄飞鸿传下的洪家拳。这样一个女人，确实不简单。可谁知道，民间相传这位传奇的武术大师与他的这位传奇妻子的缘分，竟然是从一巴掌开始的。

话说，在1910年，佛山附近的叠滘乡搞酬神诞，当时已经60岁的黄飞鸿应邀助兴表演，带着他的弟子去表演醒狮和武术。因为乡民早已听说黄飞鸿要上台表演，吃过晚饭后他们便成群结队地去看热闹。在这伙看热闹的乡民中，有一老一少两人也夹在其中。年少的女仔叫莫桂兰，当时年方十九，年老的是莫桂兰邻家的二婶，她们结伴而行，为的是一睹黄飞鸿大侠的风采。与其他人不同，莫桂兰不是单纯来看热闹的，而是要看看人们传说中的黄飞鸿，究竟功夫有几了得。

莫桂兰是广东高要人，出身武术世家的她，自幼就跟随伯父学习莫家拳术和跌打医术。两年前，因为投靠亲友，就来到佛山叠滘乡。莫桂兰性情泼辣，所以到19岁还是待字闺中。以往19岁还未嫁人，就称为老女了。邻家二婶与她很谈得来，也很喜欢这位能干的姑娘，多次替她做媒，不知为什么都被她婉言拒绝了。二婶又怎知道，莫桂兰心里有自己的择偶标准，她要嫁的，是英雄好汉。

再说，轮到黄飞鸿准备上台表演功夫了，二婶说笑地逗莫桂兰说：“桂兰，你平日说自己很有胆量，你敢不敢上台掴黄飞鸿一巴掌啊？如果你敢这样做，我送你一百两！”好强的莫桂兰赌气说：“当然敢啦！这一百两二婶你准备定都得啦！”事有凑巧，无巧不成书，黄飞鸿竟然意外地为莫桂兰制造了一个“兜巴升”（打一巴掌）的理由。黄飞鸿此时正在台上表演瑶家武艺中的“瑶家耙”，其中有一招叫“鬼王踢斗”。在表演此招式时，只见他将耙一按，举脚一踢，竟将所穿布鞋踢飞了。由于他脚劲大，飞出的布鞋直奔台下的观众，正正打中莫桂兰的前额。正找不到机会上台的莫桂兰，乘机快步奔到台上。她一手拿着黄飞鸿踢飞的布鞋，另一只手一巴掌重重地打在黄飞鸿脸上。黄飞鸿一时还没反应过来是怎么回事，忙问：“姑娘为什么动怒打人？”莫桂兰怒气冲冲地说：“你算什么名拳师，表演如此不谨慎，将鞋打到别人头上。如果是手中的武器脱手，岂不要伤及人命？”徒弟们见师父挨了巴掌，还遭恶骂，欲与莫桂兰理论。黄飞鸿一世英名，被一女仔当众羞辱，大家都为莫桂兰担心。但只见黄飞鸿制止了徒弟们与莫桂兰舌战，微微笑着对莫桂兰说：“姑娘说得很对，这一巴掌掴得有道理。我一时不慎，姑娘用巴掌提醒我，也算是惩罚了我的过错。还望姑娘息怒。”黄飞鸿这么一说，大家才松一口气。于是在众目睽睽之下，莫桂兰大摇大摆地走下台来。

回家之后，莫桂兰想起当时的情形，越发觉得自己“兜巴升”的举动太不尊重人，很想去找黄飞鸿赔礼道歉。而黄飞鸿呢，他不但没记恨这一巴掌，反而觉得莫桂兰是个烈女子，越想就越喜欢她。最后，经过一番明察暗访，黄飞鸿找到了莫桂兰，两人惺惺相惜，很快就结成了夫妻，武学根底深厚的莫桂兰也因此成为了黄飞鸿武术事业的得力助手。

刘永福三请黄飞鸿

话说辛亥革命胜利后，广东局势动荡，群雄四起。孙中山先生因势利导，建立广东民军，任命黑旗军首领刘永福为民军统帅。

刘永福深感责任重大，要选一个在广东武林最有威望的人任民军总教头，才能慑服群雄。他想起了20年前已称雄武林的黄飞鸿，于是派军师吴亮、战将吴勤登门邀请。

两人到了西关“宝芝林”医馆，找到了黄飞鸿。这时他已80多岁了，自从随福建水师提督唐竞松反清失败回来后，一直都是深居简出，只是悬壶济世，对过去的事，绝少提及。两人只见他身穿长衫，戴着眼镜，三绺花白胡子，一派老儒生风度，有谁看出他是当年叱咤武林的一代豪侠呢?

吴亮道明来意，并将刘永福的邀请信双手递上。黄飞鸿看后，微笑道：“刘大帅的盛情，在下心领了，但我年事已高，今非昔比，难胜此重任，请他另请高手吧！”

说完，他把信交回吴亮。吴亮与吴勤对望了一眼，无奈起身告辞，返回沙河驻地，将经过向刘永福禀告。

刘永福深有感触，叹了一声说：“此军中总教头之职，可以说是广东武林盟主之位，很多人梦寐以求，但黄飞鸿淡泊功名。真是千军易得，一将难求呀！”

旁边一位何中军说，他与黄飞鸿有旧交情，可以去说服他。刘永福点头同意。何中军又去到宝芝林，再三邀请，但黄飞鸿仍是摇头，毫无商量余地。

刘永福两次碰钉，闷闷不乐，连晚饭也吃不下。只见他两个女儿大娇、二娇走过来道：“爹，俗语有话‘精诚所至，金石为开’。刘备都要三顾草庐啦，而你只是派手下去，人家说你不是诚心求贤，不如亲自去一次。”

刘永福拍手称好。第二天他只带两个女儿到宝芝林拜访，对黄飞鸿绝口不提相邀之事。而大娇、二娇和黄飞鸿的妻子莫桂兰有讲有笑，还说要拜她为师，哄得莫桂兰心花怒放：当大名鼎鼎的刘大帅女儿的师傅，你说何等光彩呢?

翌早，大娇、二娇用马车接莫桂兰到沙河小住，公不离婆，当然是请黄飞鸿一起去啦！一行人受到刘永福手下将领热情接待，他们个个对黄飞鸿十分敬重。大娇、二娇还拜了莫桂兰为契妈，不用说，黄飞鸿是契爷了。两契女天天契爷前契爷后，叫得甜甜的，黄飞鸿多高兴啊!

在此期间，刘永福与黄飞鸿朝夕相处，推心置腹，黄飞鸿深感刘永福诚意，终于出任广东民军总教头之职。

刘永福不忘父恩

从前，广州沙河“刘氏家庙”内有一块牌匾，刻着“神武仁慈”。说来，是与清末黑旗将军刘永福的孝心有关。

刘永福当广东民军总领时，有次上白云山散步，见到一位老伯，白发苍苍、衣衫褴褛，挑着两大捆柴，在崎岖的山路上摔了一跤。刘永福连忙上前，扶起老伯，问道：“阿伯，你偌大年纪，为什么不在家休息，还上山斩柴呢？”老伯叹道：“我儿子参军，老伴又得了重病，如不斩柴，就没饭吃了！”说完，连声道谢，又挑起柴，艰难地下山而去。刘永福望着他的背影，若有所思，忽对随从阿勇说：“我见到这位老伯，便想起我父亲，如果他老人家还在世的话，也像这位阿伯这么老了。阿勇，你快去帮他挑柴下山，然后给他家中送袋米去。”

原来，刘永福家中很穷，父亲四十多岁才与一位寡妇成亲，生下刘永福，含辛茹苦把他拉扯大。刘永福深知父母的艰难，经常上山斩柴帮补家用。有一天，刘永福挑柴来到村口，听见有女子的哭叫声，原来是邻村一个恶少，带着两个家丁，动手动脚来调戏少女。刘永福大怒，举起扁担打倒恶少，少女得以脱身，但刘永福被两个家丁打得遍体鳞伤。父亲闻声赶来，把儿子背回家中，取草药来医。刘永福说：“爹，如果我有武功就好了，不怕他们欺负人！”刘父见他年少志大，就说：“好，我以前曾学过武，我来教你！”从此，刘永福白天干活，晚上练武。他勤学苦练，终成武林高手，后来投身军旅，屡立战功，成了赫赫有名的英雄。但遗憾的是，他的父母来不及看到儿子的辉煌，就贫病交加相继去世。现在刘永福见到这位斩柴的老伯，父亲的慈祥和严格又浮现在脑海中，难过得整晚睡不着。

第二天一早，刘永福对父亲的神位焚香下拜道：“爹，是您将我带上习武之路，您宁愿自己喝野菜粥，都让我吃饱练武。现在我当官了，本应让您老人家享清福，但您又去世得早！您一世都未食过一餐饱饭啊……”他越说越伤心，放声大哭起来。旁边的随从见这位叱咤风云的铁汉，竟然思父痛哭，亦不禁为之垂泪。

一位乡绅闻之，便制了一块“神武仁慈”的牌匾送给他，挂在“刘氏家庙”内。

“河南王”李福林

广州河南沙园有相邻的两座民国建筑，一座俗称“八角楼”，楼身金黄，古色古香，一座俗称“红楼”，外表方方正正，红墙平顶。这两座建筑是当年一个叫做李福林的人修建的，他乃广州近代史上一个传奇的人物。

李福林，何许人也？昔广东番禺县大塘乡人，生于农户，家境清贫。幼入私塾，一年而辍，又随父农耕，后与乡间之徒为伍，做鼠摸抢劫事。曾打劫当铺，引官兵围，遂举出墨染灯筒，谎称鬼枪，竟吓退官兵，得以逃离，避至越南。而此时，李以灯筒充枪的举动已传遍大塘各处，众人为其起别名曰“李灯筒”。后风声渐松，李返大塘，闻“灯筒”名而从其左右者达千百之众，顿成一方绿林头目，后更为军阀，时人称之为“河南王”。

至今，坊间仍流传李称霸河南之事一二。据说，于大塘地面，凡鲤鱼皆要作“吭哥”称，因为“鱼”谐广府话“瘾（鱼之高，上声）”之音，瘾即“面上无光、丢人”意，而“吭”则有“强劲、厉害”意。又一说，胭脂红番石榴为石榴之上品，特产于附近龙潭乡，李偶尝而觉味道甚佳，令龙潭石榴改名大塘石榴。更有传，广州城中大塘街出品烧鹅，李亦夺其名，归大塘乡得。

李虽曾霸道非常，但在革命上亦颇有贡献。在越南避险时，李曾结识孙文。后来，先生得知其于地方既成势力，便密邀至越南，晓以革命大义。又传李福林觉悟前非，成先生忠实追随者，入同盟会，拥兵而事革命，掀大塘反旗，行新军之役，协黄花岗起义，应辛亥武昌首义，曾任建国粤军第三军军长、第五军军长，兼任广东全省警务处长、广东全省民团统率处督办、广州市政厅厅长、广州市市长等职。而于推广中华国术上，李更借昔日绿林人脉，联武林群雄，创广州精武会。日寇犯华期间，曾诱以司令高职，李拒而不受。

因读书不多，李常出滑稽言行而被引为笑谈。一次，李入军营，左右两个守门士兵向其行军礼，李立马举右手回敬，再以左手又回一礼。部下大惑，问其故，李曰："左来一敬，右来一敬，唔赚唔蚀（不赚不亏）！"致部下哭笑不得。又一次，李于岭南大学作演说，兴起之处，朗声曰："你哋哩班契弟要听我嘅话，我听上头大契弟嘅话！"（契弟，粤语中是骂人的话，意思如"混蛋"）更甚者，先生离世开追悼会时，李读秘书既作之祭文，竟将"孙中山先生精神不死"读成"孙中山先生未死"，听得台下人一头雾水。秘书于身后低声提醒："仲有（还有）'精神'（两字）啊！"李即说道："仲有精神！"整句便成了"孙中山先生未死，仲有精神"。令人啼笑皆非。虽如此，但其憨直真性情可见一斑，或该性格恰乃深得先生器重欣赏之原因所在。

常言道："英雄莫问出处。"李早年作恶横行，后迷途知返，为革命举义旗，亦堪称一位好汉。若纵观其一生，少年好斗生事，中年革命从政，晚年迁居香江做"花王"自娱。人性本多面，又岂能以一好坏断之耶？

◉李福林故居位于广州海珠区菩提路小学沙园校区之中，校内教师不知其身份者众。（摄影：刘海峰，拍摄时间：2012年5月7日）

一场跨粤港的革命暗杀行动

在港岛般咸道6号即如今般安阁所在位置的附近，以前曾经有过一个革命党人的秘密指挥总部，中国内地一连串令清廷闻风丧胆的暗杀活动，就是从这里发号施令的了。翻看历史，你更能发现，就在这个秘密地点附近，有一所般咸道官立学校，当年名为拔萃书室。1883年，孙中山重到香港时就曾入读该校。或许是历史的巧合，或许是革命党人有意拣选这样一个临近孙中山当年读书之地，也或许有其他的原因，我们就不得而知啦。现在先听讲古佬讲讲当年那段跨境刺杀史。

话说1910年，庚戌广州新军之役失败后，革命党人潜逃至香港。刘思复、陈炯明、高剑父等人在此地组建了“东方暗杀团”，决定以香港为据点指挥发动革命暗杀，以应对清政府对革命党人的搜捕残杀。于是就有了在辛亥之役前后，革命党人在广州的三次针对清朝官员的暗杀行动。

拉开“东方暗杀团”在广州的行动序幕的是一位叫温生才的人物。他特地从香港赶到广州，为确保刺杀成功，还特意设法觅得“鬼炮”，即手枪。据说，潜入广州后，他并没有明确的刺杀目标。直至有一天（1911年4月8日），清廷的新任广州都统将军孚琦带同儿子前往广州东门外的燕塘观看冯如的飞行表演，人马出城时碰巧被温生才看见，生才顿生暗杀孚琦之心。于是他便回寓所拿枪，在其回城必经之路等候，以枪杀之。但事后温生才并没能成功脱身，被清兵逮捕，在狱中英勇就义。温生才此举震动了南洋，南洋华侨编了《温生才新剧》来纪念他。不过，也有人指出，温生才行动缺乏计划，其鲁莽之举是导致后来广州起义（黄花岗起义）日子推迟以至于起义最终失败的重要原因。

第二宗暗杀任务由陈敬岳、林冠慈、赵灼文等人执行。时值黄花岗起义刚失败不久，革命党人将枪口对准了残酷镇压黄花岗起义的广东水师提督李准。1911年8月13日中午时分，李准乘坐大轿在众多侍从保护之下由水师公所入城回水师提督衙门，路经南门通衢大街“怡兴缝衣店”门前，林冠慈手持两枚炸弹冲向官轿。无奈炸弹太早引爆，并未炸死李准，林冠慈则当场被乱枪射杀，而陈敬岳则在撤退时被捕，最终被害。

由于有了前两次的经验，第三次的行动堪称是最成功的。时值孚琦毙命，李准被炸伤，人单力孤的两广总督张鸣岐连连催促清廷赶紧委派一位广州将军来协助自己。凤山被清廷从荆州将军任上调任广州将军。为免引起革命党人注意，凤山轻装简从，先赴香港而再于1911年10月25日从广州天字码头上岸。他以为一路都会相安无事，但革命党人已布好机关来“迎接”他了。就当其经过仓前街“成记洋货号”商店门口时，预先准备好的三枚重磅炸弹从屋檐滚下爆炸，凤山和其余十几人当场毙命。投掷炸弹的革命党人李沛基则从容逃脱，前往香港。这次成功的行动，令广州百姓拍手大赞。自此，广州的酒楼就多了一道名为“凤山入城”的菜式，即炸蛋（弹）也。

如今，在广州烈士陵园，有一个“红花岗四烈士墓”（注：广州当年有几个叫红花岗的地方，如今中山二路烈士陵园和先烈中路黄花岗七十二烈士墓各自所在地都曾叫红花岗），所埋葬的就是当年“东方暗杀团”在广州头两次暗杀行动中牺牲的温生才、陈敬岳、林冠慈，以及后来在1915年反对袁世凯称帝时期在执行暗杀任务中牺牲的钟明光等四位烈士。

后记：以文字说书

“一块醒木上下分，上至君王下至臣。君王一块辖文武，文武一块辖黎民。圣人一块管儒教，天师一块警鬼神。僧家一块劝佛法，道家一块劝玄门。”醒木一拍，单枪匹马于说书台上说文说武，少则半时辰，多则一时辰，皆一气呵成。老前辈教落，上场无有错罢重来之机，唯有案头功夫、排练操演做得充分。是故，欲要于看官面前，独角戏演得自然，则于烛灯下，撰诗歌、背台词、度“手面”（手部动作、面部表情）、记台步样样须足。此等合而本，即话本也。话本、话本，其实又何止说话底本般简单，诸如台上手眼身法步精神气力功，俱要于本上设计停当。

说书乃舞台艺术，在新闻纸上却是难以表现，其要画上一个个动态公仔乎？故此，应《南方都市报》早茶版编辑李建平之约，特辟“粤讲越俗”专栏，但能以说书人之口吻，写羊城故事，温僻陋旧闻。然，此亦不能称为“以字说书”，应作“以字讲古”也。皆因说书要讲要演须遵程序，讲古不过是讲述故事，自由得多，以致文字能讲古，却说书不得。于是乎，说书人思前想后，姑且以“羊城讲古”作书名，取其“说书人以字讲羊城古”之意。

但是，“古仔”难免有古人附会、仆等说书人“老作”（虚构）之处。唯恐误人子弟，致后人视虚为实，将胡诌之语作史料引用，仆又佐以史实素材，虚实冶一炉，聊增笑耳。

家师故事文集得以成书，感谢《南方都市报》为说书人提供专栏平台，并为选题定位出谋划策；感谢南方日报出版社编辑刘志一博士为书籍编排设计费煞心思。此外，还要多谢广州市致境文化传播公司和贰壹零影像设计策划机构在图片拍摄等方面给予的帮助。

说不尽者，书也，还待众看官观此书而后移玉步，感受那或许稍纵即逝的老城片断。

说书后学　彭嘉志